AF398176

NICODÈME DANS LA LUNE,

OU

LA RÉVOLUTION PACIFIQUE,

FOLIE EN PROSE ET EN TROIS ACTES,

Mêlée d'Ariettes & de Vaudevilles,

Représentée, pour la première fois à Paris, au Théâtre Français-Comique & Lyrique, le 7 Novembre 1790, &, pour la cinquantième fois, le Lundi 21 Février 1791.

PAR LE COUSIN-JACQUES.

« Jusqu'à c'te heure, Dieu merci, gnia encore personne d'blessé. »
NICODÈME, IIIe Acte.

Prix 36 sols.

A PARIS,

Chez l'AUTEUR, au Bureau d'abonnement des nouvelles Lunes, rue Phelypeaux, n° 15, maison de M. Mermilliod; —— & au Théâtre Lyrique, rue de Bondy.

1791.

PERSONNAGES.

L'EMPEREUR de la Lune,   *M. Després.*

PREMIER MINISTRE de l'Empereur, *M. Rosenal.*

UN ARCHEVÊQUE,   *M. Le Roi.*

AGLAÉ,   *Mlle Justine.*

ZILIA, } femmes de l'Empereur,   *Mlle Corneuille, (ci-devant Mme Kermasson)*

BIBI,   *Mlle l'Evêque.*

LE SEIGNEUR du Village,   *M. St-Albin.*

LE CURÉ,   *M. Duforest.*

USTUCE, Astronome,   *M. Bourgeois.*

NICODÊME, Voyageur aérien,   *M. Juliet.*

Mère BAHU,   *Mme La Caille.*

Mère CASSECROUTE; } Vieilles.   *Mme Montariol.*

FREROT, jeune Paysan de la Lune,   *M. Bassile.*

LOLOTTE, jeune paysanne de la Lune, *Me de Beaumont, (à présent Mlles La Tour & Clément, alternativement.)*

JACQUOT, fils d'Ustuce,   *M. Frédéric.*

UN PIQUEUR de la suite de l'Empereur, *M. Gamard.*

SEIGNEURS de la suite de l'Empereur.

PEUPLE de la Capitale.

PAYSANS du Village.

Seize GARDES de l'Empereur.

NICODÊME DANS LA LUNE,

O U

LA RÉVOLUTION PACIFIQUE.

ACTE PREMIER.

Le théatre repréfente un côteau de vignes parfemé d'arbres & de fleurs ; au haut du côteau eft une cabane d'Hermite entre-ouverte. Sur la fcène, des deux côtés, font des arbres ; il y en a au li au milieu du théatre (quand on lève la toile, des Payfans & des Payfannes, épars çà & là , les uns dans les vignes, les autres au bas du côteau , travaillent avec un découragement marqué. FRÉROT, monté fur un arbre de l'avant-fcène , qu'il élague, paroit plus animé que les autres ; & des deux vieilles , à l'oppofite, affifes fur leur porte, l'une file au rouet, l'autre tricote avec fes lunettes fur le nez.

SCÈNE PREMIÈRE.

FRÉROT, LOLOTTE, MÈRE BAHU, MÈRE CASSECROUTE, LES PAYSANS ET PAYSANNES.

Chœur général, N° Ier.

Avec accompagnement
& à l'uniffon.

Air : *du Coufin Jacques.*

A TRAVAILLER nous perdons le courage,
Sans nul repos portant le poids du jour !
Si d'un tel fort rien ne nous dédommage,
Quand nos tyrans auront-ils donc leur tour ?.. *bis.*

Second Couplet.

FRÉROT & LOLOTTE (*en duo.*)

Confolez-vous, habitans de la Lune ;
Confolez-vous : vos malheurs prendront fin.
Affez long-temps vexé par l'infortune,
Il faut attendre un plus heureux deftin... *bis.*

A 2

FREROT.

A quoi qu'çà fert, de s'décourager comme çà ? Quand
le travail ira mal, en ferez-vous pus avancés ? M'eft
avis qu'faut faire contre mauvaife forteune bon cœur....
N'eft-ce pas donc, ma p'tite ?

LOLOTTE.

Oh ! pour moi, j'fis toujours contente, quand j'ai
tout c'qui m'faut ; & j'ai toujours tout c'qui m'faut,
quand j'fis tout près d'toi.

La première VIEILLE. (*Mère Caffecroute.*)

Jeunes étournieaux ! çà n'a qu'l'amour en tête, çà
n'voit pas plus loin que fon nez ; çà n'fent pas le tourment du lendemain....

La feconde VIEILLE. (*Mère Bahu.*)

Gnia quafi d'quoi rire, pas vrai, dans tout c'qui nous
arrive ? Hom ! nous étions ben pauvres, dans mon
jeune âge, nous autres habitants d'la campagne ; ben
tracaffés, ben tourmentés ; mais nous n'l'étions, ma
foi, pas tant qu'aujourd'hui.... Oh ! tant pus çà va,
tant pus mal çà tourne.... J'n'ai jamais vu un temps
fi dur que c't'ici.

FREROT.

Eh ben ; t'nez, c'eft juftement à caufe d'çà que l'mal
eft à fon comb'e, qu'i faut qu'i tire à fa fin.... Quand
un arc eft trop tendu, la corde s'caffe ; & pis çà fait
quitte.

LOLOTTE.

J'ons dans l'idée, moi, q'vlà l'temps d'la juftice
qu'eft en route, & qu'i'n'tard'ra pas d'arriver....

Mère BAHU.

Ouais ! dîtes-li donc qu'i s'dépêche pour voir....

LOLOTTE.

Pour l'faire venir pûtôt, faut s'égayer un p'tit brin ;
çà n'fait d'mal à perfonne.... Attendais ; faut que j'vous
chante eune jolie p'tite chanfon, qu'on m'a t'appris
t'a la ville, quand j'allais au marché, hein, mère
Caffecroute ! quoi q'vous en dites ?

FREROT.

Et vous, mère Bahu, çà vous plaira-t-il ? Eh ! laif-
fez-donc ; çà vous f'ra fouvenir du temps paffé.

(5)

Mère B A H U.

Du temps paſſé !... Voyez donc ce p'tit drole ;
d'quoi c'qu'i s'mêle ?... Moi , je n'ſis pas d'humeur
d'chanter, voyaîs-vous ?... Gnia pas d'quoi.

Mère C A S S E C R O U T E.

Queuq'çà fait , çà ? laiſſez-la chanter , puiſq'çà li
fait plaiſir..... Chante , va , mon enfant , chante ; tu
n'chanteras jamais ſi jeune.

Mère B A H U.

Allons , voyons donc , c'te chanſon....;

L O L O T T E.

Faut travailler , dà , pendant c'temps-là : car c'eſt
pour vous r'mettre l'cœur à l'ouvrage..... Allons : y
êtes-vous , tretous ?

T O U T   L E   M O N D E.

Allons , v'là q'j'ouvrons les oreilles.

L O L O T T E.

Allons , v'là q'mi v'là.
(Tout le monde ſe remet à l'ouvrage.)

Air , Nº 2.

Colinette au bois s'en alla
En ſautillant par-ci, par-là ;
   Talla déridéra... *bis.*

Un biau Monſieu la rencontra ;
Friſé par-ci, poudré par-là ,
   Talla déridéra... *bis.*

• Fillette, où courez-vous com'çà ?
• Monſieu, j'm'en vais dans c'p'tit bois-l...
   Cueillir la noiſette ;
Elle danſe.   Tra déridéra la la la la
   La la la la la , ta la déridéra.

Quoi ! toute ſeule ? Oui , Monſieu ; --- Et vous
n'avez pas peur du loup ? --- Non , Monſieu.

   — Gnia pas d'mal à çà ,
    Colinette ,
  Gnia pas d'mal à çà.

T O U T   L E   M O N D E.

  Gnia pas d'mal à çà, &c.

L O L O T T E.

A ſes côtés l'Monſieu s'en va
Sautant comme ell' par-ci, par-là ;
   Talla déridéra... *bis.*

— Où v'nez-vous donc, Monfieu, com'çà ?—
J'vais avec vous dans c'p'it bois-là ,
    Talla déridéra. . . *bis.*

Mais jufqu'au temps qu'nous foyons là,
Chantons gaiment , par-ci, par-là
    La p'tit' chanfonnette. . .
Elle danfe.   Tra déridéra la la, &c.

Mais , quoi q'vous faites donc, Monfieu ? N'me t'nez
donc pas com'çà pard'flous l'bras. . . .

    — Pourquoi donc çà ?
    Gnia pas d'mal à çà, &c.
Tout le monde répète : Gnia pas d'mal à çà, &c.

FRÉROT.

Voyez la mère Bahu ! fi alle répét'ra tant feulement
un p'tit bout de r'frain. . . .

LOLOTTE.

C'eft-i vrai çà ? c'eft égal, j'continue quoiq'çà.

Troifième couplet.

L'Monfieu li dit , quand i fur'là :
Y affeoyez-vous fu c'gazon-là. . . .
— Et pourquoi faire ? Talla déridéra. . . *bis.*

Sans réfiftance il l'embraffa ,
Et p'tit à p'tit . . . . et cætera.
    Talla déridéra, . . . *bis.*

La pauvre fille en fortant d'là
Garda l'filence, & puis pleura ;
    Perfonne n'répète
(Triftement & fe balan-   Taléridéra la la la, &c.
çant fans danfer)

                            En pleurant.

Allez , Monfieu, c'eft ben mal à vous, toujours ! Si
j'avais fu çà ! Ah ! mon Dieu ! mon Dieu ! — Laiffez
donc ; vous faites l'enfant. . . .

    Gnia pas d'mal, &c.

TOUT LE MONDE

    Gnia pas d'mal, &c.

FRÉROT.

Alle eft gaillerette , ta chanfon ? . . .

LOLOTTE (*aux deux vieilles.*)

Alle eft capable, n'eft-ce pas, c'te chanfon là ?

Mère BAHU.

Ah ! pardi oui ! v'là zeune belle leçon à donner

aux jeunes filles ! N'es-tu pas honteuse ? Ah ! j'te dis,
moi,

Q'gnia du mal à çà, Colinette. . . .

F R E R O T, (l'interrompant.)

Queut'çà fait çà ? c'est ti pas pour rire, donc ?

L O L O T T E.

Quatrième couplet.

Savez-vous ben c'qu'en arriva ?
V'là q'tout à coup. . . . .

Tous les P A Y S A N S, (l'interrompant.)

Schtt ! schtt ! v'là Monsieu l'Curé. . . .

Mère B A H U.

Ah ! v'là Monsieu l'Curé . . . Eh ben ! continue donc
ta belle chanson. . . . i t'apprendra si gnia pas d'mal à
çà, lui. . . . chante, chante. . . .

F R E R O T.

Pourquoi pas ? Not'Curé est un brave homme, qu'aime à rire, en tout bien & tout honneur. . . . . Oh !
c'n'est pas de ces cagots, qu'ont la mine douceureuse
& le cœur méchant. . . . i n'se fâche pas, quand les
aut'rient.

S C È N E I I.

LES ACTEURS PRÉCÉDENTS, LE CURÉ,
(disant son Bréviaire.)

Tous les P A Y S A N S, (se levant pour le saluer.)

Ah ! c'est Monsieu le Curé. . . .

L E C U R É.

Eh bien ! eh bien ! qu'est-ce que vous faites donc,
mes enfants ? je ne viens pas ici pour vous causer le
moindre dérangement. (Aux vieilles, qu'il fait r'asseoir.) Remettez-vous donc, bonnes femmes ; que je
vous voie travailler. . . . Eh bien, mes enfants ! comment va le courage ?

L O L O T T E.

Ah ! ben mal, Monsieur l'Curé ; car quand j'veux

leux chanter qu'eut chofe pour les égayer, çà n'leux
fait pas plaifir ; ils difent com'çà qu'ils n'font guère
d'humeur d'entendre eun'chanfon , qu'ils ont putôt
envie de plurer que d'rire.

Le Curé.

Bon ! eh ! pourquoi cela , donc ?

Mère Bahu & Mère Cassecroute.

(Dialogue avec accompagnement.) N° 3.

Air : *Oui, noir, mais pas fi diable.*

Mère Cassecroute. (Oui, nous perdons le courage
(A toujours travailler ;

Mère Bahu. (L'jour, la nuit à l'ouvrage !
(Gnia pas d'quoi s'égayer ;

Enfemble . . . Gnia pas . . . *bis* d'quoi s'égayer.

Mère Cassecroute. (Si tout du moins j'vivions
(A m'fur'que j'travaillors.

Mère Bahu. (Mais not'fatigue eft vaine ,
(Et tout du long d'la femaine,
(C'eft nous qu'avons la peine.

Mère Cassecroute. (Pour d'aut'font les profits. . . .
(Oh ! oui !

Mère Bahu. (Oh ! oui !

Mère Cassecroute. (Tout çà va... *bis.* d'mal en pis !

Enfemble à l'uniffon. (Tout çà va... *bis.* d'mal en pis!

Toutes deux, *en duo.*

Second couplet.

Gnia pas moyen qu'çà dure
Encor pendant long-temps ;
Auffi-non , j'vous affure
Q'gniaura queuq'z'accidents
Q'gniaura. . . *bis.* queuq'z'accidents ?
On n'fe plaint pas d'abord ;
Mais quand çà d'viant trop fort,
Par ma foi, chacun s'laffe,
Et l'peuple n'fait pus d'grace ;
Et j'crains ben q'tout çà n'faffe
Des malheurs dans l'pays. . . .
Oh ! oui. . . . *bis.*
Tout çà va. . . *bis.* d'mal en pis.

Le Curé.

Il faut efpérer, mes enfants, que l'on n'en viendra
point à de fâcheufes extrémités : les troubles & les
défordres

'défordres font un malheur pour tous les états : bien des gens y perdent ; & les mauvais fujets feuls y gagnent.

FREROT.

C'eft c'que j'leux dis , moi, Monfieu l'Curé ; l'peu d'courage qu'on a encore à c't'heure pour prendr'fon mal en patience , vaut toujours mieux qu'fi tout chacun prenait l'mords aux dents.

LOLOTTE.

Si tout du moins tous ceux qu'avont des places, vous r'fembliont, Monfieu le Curé !

TOUT LE MONDE.

Ah ! oui, çà.... çà f'rait d'braves gens....

Mère CASSECROUTE.

Et nous ferions trétous pus heureux qu'nous n'fommes!...

LE CURÉ.

N° 4. Air : *Vous êtes fraîche & jeune & belle.*

(Du faux ferment.)

Mes bons amis , plus de trifteffe;
    Pour vous , mon cœur ....
Oui, pour vous., mon cœur pénètre l'avenir ....
Bientôt comblant vos vœux, les jours de l'alégreffe
Vont changer la peine en plaifir.   3 *fois.*
Toujours partageant vos alarmes,
Vous m'avez vu prêt à vous confoler,
S'il faut encore fécher vos larmes,
Vous fecourir .... vous n'avez qu'à parler.   4 *fois.*

Mes bons amis, plus, &c., &c.

Mère BAHU.

Ah ! çà ! pcur çà, c'eft ben vrai, Monfieu l'Curé, qu'fans vot'bonté , gnien a plus d'un qui s'rait déjà mort de faim....: dans le village....

Mère CASSECROUTE.

Et fi , c'n'eft pas qu'vous foïais trop riche, dà.... Mais v'là com'çà s'fait, c'ti-là qu'en a l'moins, c'eft toujours li qui donne l'plus volontiers.....

LOLOTTE.

' C'eft qu'la richeffe endurcit le cœur , voyais-vous ? Pardi ! voyais plutôt l'Seigneur de c'village , tant feul'-ment ! c'eft pourtant zeun homme ben riche, qu'a des ch'val , des carroffes, des chiens, des valets.... qu'çà

B

fait trembler. . . . Eh ben ! gnia ti un homme pus dur
aux malheurs du pauvre monde ?

L e C u r é.

Schtt !... paix donc, mes amis. . . . . ne difons de
mal de perfonne ; celui qui fait le bien , éprouve au
fond du cœur une joie pure , qui le récompenfe mieux
que l'or qu'il garderait pour lui. . . . Celui qui fait le
mal , en eft puni tôt ou tard par le remords. . . .

Mère C A S S E C R O U T E.

Oh ! ce n'eft pas qu'on dife du mal d'perfonne : on
dit feul'ment que l'Seigneur eft un homme dur , avare ,
intéreffé, qui n'vous f'rait pas grace d'un denier. . . .

L e C u r é.

Silence , donc. . . . . Tenez. . . . . il vient juftement à
nous. . . . . (*à part.*) Que nous veut-il ?

⟨ornament⟩

S C È N E I I I.

LES PRÉCÉDENTS, LE SEIGNEUR
DU VILLAGE.

L e S e i g n e u r. (*gaiement.*)
(accompagné.)

Nº 5. Air : *Nous n'avons qu'un temps à vivre.*

Ah ! quel beau jour fe prépare !
Amis ! quel moment heureux !
La ville la plus rare
Aujourd'hui doit honorer ces lieux.

L O L O T T E & F R E R O T.

Quel nouveau bonheur, à l'entendre ?. . .
La gaîté brille dans les yeux !

L e C u r é (à part) (*fur l'avant-Scène.*)

Qu'aurait-il donc à nous apprendre ?
Jamais il ne fut fi joyeux. . . . .

L e S e i g n e u r, au Curé, *en lui frappant fur l'epaule.*

Ah ! quel beau jour fe prépare !
Ami ! quel moment heureux !
La ville la plus rare
Aujourd'hui doit honorer ces lieux.

LE CURÉ.

Quelle est donc cette visite, M. le Duc?

LE SEIGNEUR.

Tenez, Curé, lisez cette lettre....

LE CURÉ, *prenant ses lunettes.*

« Hom.... mon cher ami....

LE SEIGNEUR.

. Lisez bas, lisez bas.... Diable! il ne faut pas que ces gens-là vous entendent....

(*Pendant que le Curé lit.*)

Mère CASSECROUTE, *toujours debout, à la mère Bahu.*

Voyais si'nous dira tant seul'ment d'nous asseoir! On s'donne ben du mouvement pour l'ifaire honneur. J'n'prend seul'ment pas garde à nous....

Mère BAHU (*s'asseyant.*)

Oh ben, moi, j'm'assis; je n'fis pus d'âge à faire des révérences d'ici à demain.

LE SEIGNEUR.

Eh bien! Curé? qu'en dites-vous?

LE CURÉ.

Je vois que Sa Majesté doit chasser aujourd'hui par ici.... Vous devez être bien flatté, M. le Duc, que le Ministre, qui est votre ami, ait décidé le Prince à venir se reposer un instant dans votre château.... Mais ...

LE SEIGNEUR.

Quoi? mais....

FREROT, *descendant de l'arbre.*

Faut qu'j'écoute un p'tit brin parderrière, pour savoir d'quoi qui'i'tourne.

LOLOTTE, *s'avançant doucement avec lui.*

J'fis curieuse aussi, dà, moi..... j'voulons en prendr'not'part.

LE CURÉ, *tout bas au Seigneur.*

Il n'y qu'une petite difficulté; c'est qu'il paroît que le Ministre voudroit offrir à l'Empereur le spectacle, bien doux, je l'avoue, d'un peuple d'agriculteurs heureux, contents, vivant avec aisance du travail de leurs mains, & bénissant le règne du Prince, qui veut leur bonheur.

Le Seigneur.
Eh bien?

Le Curé.
Eh bien! il faut pour cela qu'ils foient heureux en effet..... & ils ne le font pas.!...

Le Seigneur, *interdit.*
Ils ne le font pas!

Le Curé, *vivement.*
Non, M. le Duc, ils ne le font pas. ... Voyez cette fermentation, qui commence à paffer des villes dans les villages! Le mécontentement eft général; & le Prince, à qui on laiffe ignorer le fort de fes peuples, parce qu'on fait combien fon cœur fenfible en feroit ulcéré; le Prince qu'on entoure, qu'on garde, de peur que les plaintes de fes fujets n'aillent jufqu'à lui, a bien pu jufqu'à préfent prendre le change par des tableaux menfongers; mais aujourd'hui que le mal eft à fon comble, aujourd'hui que la patience eft à bout, n'efpérez plus lui faire voir des villageois gais & chantants; & s'il vient chaffer aujourd'hui par ici.... (*Ici Frerot & Lolotte fautent de joie..... & font des fignes aux Payfans qui font fur la montagne.*) Ce fera peut-être un bien qu'il voie fes malheureux fujets tels qu'ils font : oui, M le Duc, tels qu'ils font vexés, moleftés, écrafés d'impôts & de droits onéreux, & fe confumant en vains travaux pour les plaifirs & les folies des grands....

(*Frerot & Lolotte s'éloignent.*)

Le Seigneur.
Curé! vous oubliez....

Le Curé
Je n'oublie rien; je connois les égards dûs à votre rang; mais la vérité l'emporte, & je remplis les devoirs de mon miniftère....

Le Seigneur.
J'avois pourtant compté fur vous pour....

Le Curé.
Sur moi! eh! que puis-je faire à tout cela?

Le Seigneur.
Vous avez du crédit fur ces bonnes gens.

(13)

LE CURÉ.

Pas affez pour les engager à mentir....

LE SEIGNEUR.

Ils vous aiment....

LE CURÉ

Raifon de plus pour defirer leur bonheur....

LE SEIGNEUR.

Brifons là, Monfieur,... je vous entends, partifan outré de la dernière claffe du peuple, vous ne voyez qu'avec les yeux de l'envie....

LE CURÉ.

. Vous me connoiffez mal, M. le Duc.... Je ne fuis partifan que de l'ordre & de la juftice....

LE SEIGNEUR.

No 6. Air : *Tous ces Français que loin de nous.* (Dans le retour du Champ-de-Mars.)

Ah ! plus d'égard pour un Seigneur
Qui vous eftime & qui vous aime !

LE CURÉ.

Interrogez donc votre cœur;
Jugez des autres par vous-même. ...

LE SEIGNEUR.

Pourquoi réfifter à mes vœux?
Et quels fcrupules font les vôtres?

LE CURÉ.

Pourquoi vouloir feul être heureux,
Quand on peut l'être avec les autres ? *bis.*

LE SEIGNEUR, (*fe fâchant.*)

Gardez pour d'autres vos leçons ;
Point de morale, je vous prie.

LE CURÉ.

Pour moi, j'oppofe des raifons ,
Sans doute à la plaifanterie....

LE SEIGNEUR.

Nous autres Grands, par tout pays,
Oubliez-vous ce que nous fommes?

LE CURÉ.

Vous autres, penfez aux petits.....
Et n'oubliez pas qu'ils font hommes. *bis.*

LE SEIGNEUR, (*irrité.*)

(*A part.*) Cachons notre dépit.... (*Haut.*) Quoi?
vous ne pouvez pas dire à ces villageois que le Souverain va chasser aujourd'hui par ici? Qu'il sera flatté
d'être témoin de leur alégresse? & que leur gaieté sera
pour lui une petite fête?...

LE CURÉ.

Oui; mais après la fête, viendra le repentir : & ils
se retrouveront au même point où vous les voyez à
présent....

LE SEIGNEUR, (*à part.*)

Prenons nos mesures pour que le Prince ne voie
que moi, & tâchons de l'amuser au château jusqu'à la
nuit.... (*Haut.*) Il suffit, Monsieur, je retourne
attendre Sa Majesté. Je me souviendrai long-temps de
tout ce que je dois à votre complaisance.

(*Il sort en colère.*)

SCÈNE IV.

LE CURÉ, *sur l'avant-scène.* **TOUS LES
PAYSANS** *derrière lui.*

FREROT, *à ses compagnons.*

MONSEIGNEUR sort tout fâché.... Monsieur le
Curé a l'air tout rêveur!....

LOLOTTE.

L'Empereur va venir par ici....

TOUS ENSEMBLE, *à voix basse.*

Quoi? li-même, en personne?

Mère BAHU & Mère CASSECROUTE (*qui se joignent
aux autres.*)

Ben vrai, mon enfant?

FREROT & LOLOTTE.

J'ons tout entendu.....

(*A voix basse.*)

N.o 7. Air : *Un peu plus haut, Signor Doctor.*

(Accompagné.)

LE CURÉ, *réfléchissant tout seul.*

Aux Grands il faut déplaire,
Quand on est juste & vrai !....

Mère BAHU & Mère CASSECROUTE.

Gnia là-d'sous queuqu'mystère ;
J'voulons savoir le vrai. . . . .

LE CURÉ.

Jamais, jamais je ne changerai.....

FREROT & LOLOTTE.

Qu'il a d'vartu, ce brave Curé !
Faut l'aimer com' not' père.

LE CURÉ.

Au devoir d'être sincère,
Oui, je sacrifierai
Le bien, le rang le plus desiré.

LE CURÉ.   FREROT & LOLOTTE!

Jamais, jamais je ne changerai...*bis.* Qu'il a d'vartu, ce brave Curé !
                                                              bis.
Je ne changerai. . . . . *bis.*   Ce brave Curé !   *bis.*

FREROT, *au Curé.*

T'nais, not' Pasteur, excusais, si j'vous interrom-
pons ; mais semb'à voir que c'que vous a dit Monseigneur, vous a mis du noir dans la tête ?.....

LOLOTTE.

Ah ! contez-nous c'qui vous chagreine ! si nous y
pouvons queut'chose, çà s'ra nous rend'sarvice que
d'nous l'dire.....

TOUS LES PAYSANS.

Ah ! oui, contez-nous çà, not'père !....

LE CURÉ (*à part.*)

Second couplet.

Leur amitié m'enchante !
Et j'irais les trahir ?....

FREROT & LOLOTTE.

Dit'nous c'qui vous tourmente ;
Si j'pouvons vous sarvir.......

LE CURÉ (*à part.*)

Que ce tableau me fait de plaisir !

LE CURÉ.
Que ce tableau me fait
de plaisir !

FRÉROT & LOLOTTE.
Dit'nous en quoi j'pouvons
vous farvir.....

LE CURÉ, à part.
S'il a l'ame méchante ;
Il faut tromper fon attente ;
Je vais le prévenir.
(Aux Payfans en s'en allant.)
Mes chers enfants, je vais revenir.....

LE CURÉ, s'en allant. TOUS LES PAYSANS, le
conduifant.

Mes chers enfants
Je vais revenir. bis.
Je vais revenir. bis.

Dit'nous en quoi
J'pouvons vous farvir. bis.
J'pouvons vous farvir. bis.

SCÈNE V.

FRÉROT, LOLOTTE, MÈRE BAHU, MÈRE CASSECROUTE, LES PAYSANS.

LOLOTTE.

Il s'en va, dà ! il eft trifte, lui, qu'a toujours le p'tit
mot pour rire ! fi l'Seigneur voulait l'y jouer queuqu'-
mauvais tour !

FRÉROT.

Oh ! qu'gnia pas d'rifque ; i fait ben qu'tous tant
qu'nous fommes, nous l'vengerions d'eune rude magnière.

Mère BAHU.

Eh ! non, non ; c'eft qu'i va s'difpofer pour ben r'ce-
voir Sa Majefté....

Mère CASSECROUTE.

N's'rait-t'i pas t'a propos d'nous r'quinquer, auffi,
nous autres ?

FRÉROT.

Oh ! qu'non pas ; çà gât'rait tout, çà ; nous aurions
l'air pus heureux qu'nous n'fommes.... Oh ! n'faut pas,
n'faut pas.... ben au contraire ; j'ons dans l'idée queut
chofe d'drôle, & qui ne fera pas fi mal : vous favez qu'v'là

Sa

Sa Majefté qui vient chaffer fu' not'terroir.... c'qu'eft
un grand hazard, dà....

TOUT LE MONDE.

Oh! oui, çà .... eh ben?

FREROT.

Eh ben! fi vous voulez, j'profit'rons de c'te occafion-
là, pour li conter toute la mifère où qu'nous fommes.....

LOLOTTE.

I'n'auroit qu'à s'fâcher!.....

FREROT.

Tout au contraire, çà l'i f'ra plaifir d'favoir la vérité
eune fois dans fa vie; car, on dit com'çà, qu'c'eft eun
honnête homme d'Majefté.... & qu'i n'fait .ian d'tout
c'qui s'paffe, parce qu'on l'trompe ni pus ni moins qu'fur
un grand chemin....

Mère CASSECROUTE.

C'eft à caufe d'çà qu'tu n'pourras pas li parler.... Ces
Emperè rs-là, c'eft toujours accompagné comme des
Marquis; çà vous a un tas d'gardes....

FREROT.

J'leux dirons ben poliment qu'i m'laiffent paffer.,..
& pis, par après, j'mapprocherons de l'Empereur
que j'faluérons, & pis j'dirons :

Nº 8. Air : *Laiffez-nous donc dormir.*

Dans not'mifère extrême,
D'nous tous parnez pitié !
Tout un peup' qui vous aime,
Vous d'mand' vot'amitié.

(*aux Payfans.*) Faut parler fans façon
Aux Souv'rains qu'ont l'cœur bon.

FREROT.	TOUT LE MONDE.
	(*Les uns aux autres.*)
Faut parler fans façon Aux Souv'rains qu'ont l'cœur bon. }	Il a ma foi raifon, C'eft un genti' garçon. } Bis.

FREROT.

Second Couplet.

C'villageois qu'on méprife,
Qui n'a fouvent pas d'pain ;
Sans r'proche, i'faut qu'je l'dife,
I'vous l'met à la main.....

C

(18)

(*aux Payfans*) Faut parler fans façon
Aux Souv'rains qu'ont l'cœur bon.

FREROT.   TOUT LE MONDE.

Faut parler fans façon
Aux Souv'rains qu'ont }   Il a ma foi raifon,   } Bis.
l'cœur bon.   C'eft un genti' garçon.

SCÈNE VI.

LES ACTEURS PRÉCEDENTS, JACQUOT,
(*defcendant de le chaumière.*)

JACQUOT, *tout effrayé.*

Ah! mon Dieu! ah! mon Dieu! ah! mon Dieu!
mon Dieu! mon Dieu!

TOUS LES PAYSANS.
Ah! mon Dieu! quoi c'qu'il a, donc?

JACQUOT, *un mouchoir à la main.*
Ah! mon Dieu! mon Dieu!.... c'eft tarrible!....

FREROT.
Quoi donc?

JACQUOT
Ah! mon Dieu! qu'eft c'que j'viens d'voir?

FREROT, *aux autres.*
Faut croire qu'il a vu queut'chofe, dà....

LOLOTTE.
Mais parle donc.... quoi qu'-t'as vu?

JACQUOT.
Ah! qu'eft-c'que je viens d'voir?

LOLOTTE.
Explique-toi, j't'en prie.... tu nous mets l'efprit-z-à
l'envers, tu vois ben.

JACQUOT.
Ah! qu'eft-c'que j'ai vu?.... Quand j'dis *qu'eft-c'que
j'ai vu,* c'eft pas çà que j'veux dire; car moi j'nai
rian vu.....

LOLOTTE.
Tu n'as rian vu? Eh ben! n'eft-c'ti pas un tour?

JACQUOT, *tout essouflé.*

C'eſt mon père qui l'a vu.... c'n'eſt pas moi.....
Ah!... pour le coup; c'es affreux.

Mère BAHU.

Conte-nous çà, mon enfant....

JACQUOT, *pleurant.*

Oh! j'm'en vas vous l'dire tout bonnement....Vous
ſaurez donc.... *Il regarde en l'air tout autour de lui...*
que je.... Ah! mon Dieu! mon Dieu! mon Dieu!...

Mère CASSECROUTE.

Allons donc; c'eſt ben long à défiler, c'chap'let-là....

JACQUOT.

Vous ſavez ben que j'm'appelle Jacquot, & que j'ſis
l'fils d'mon père, qui s'appelle *Uſtuce*; c'eſt c't hermite, que vous n'connoiſſez preſque pas, qui d'meure
tout là-haut dans c'te cabane, où c'qu'i's'eſt retiré du
d'puis qu'défunt ma mère allo eſt morte.... Ah! mon
Dieu! mon Dieu!....

TOUT LE MONDE.

Eh ben! va donc.....

JACQUOT.

Eh ben? allons, v'là qu'je vas... quoi qui n'ait pas
l'air de grand'choſe, mon ch'père, c'eſt un homme ben
ſavant, allez, qu'mon ch'père, c'eſt un fier homme que
c't homme-là....

Mère CASSECROUTE.

Eſt-ce que nous en ſavons queuc'choſe, nous? On
ne l'voit pas deſcend' par ici deux fois dans l'courant
d'l'année, tant ſeulement......

JACQUOT.

Ah ben! ſans doute, çà; parce qu'i deſcend tou-
jous d'l'aut'côté d'la montagne, pour aller dans les
villages voiſins, dire la bonne aventure à tout l'monde;
& c'eſt c'qui nous fait vivre, dà...

Mère BAHU.

Comment! i dit la bonne aventure, ton ch'père? &
nous n'en ſavions rien?

JACQUOT.

Oui ſeurement, qu'i dit la bonne aventure; & d'eune
rude force, encore..... Vous ſavez ben qu'on le voit

queut' fois comm'çà fe promener par là-haut, qu'on
diroit quafi qu'c'eft ni pus ni moins qu'un revenant.....

LOLOTTE.

Ah! oui, oui..... avec un grand bâton troué?....

JACQUOT.

Laiffez donc, un bâton troué..... C'n'eft pas çà,
c'eft une lorgnette, avec quoi c'qui lorgne les étoilés...
Ah! dame: c'eft pas des bagatelles çà. Eh ben.....
ah! mon Dieu!....

TOUT LE MONDE.

Eh ben? achève donc....

JACQUOT.

Eh ben, fi vous faviez c'qu'il a vu tout-à-l'heure;
tantôt, aujourd'hui, c'matin!... Ah! çà fait trembler!...

FREROT.

Quoi c'donc qu'il a vu?....

JACQUOT.

J'n'en fais rian; mais i'dit com'çà l'i qu'i' n'en fait
rian non pus.....

TOUT LE MONDE.

Bon! c'eft tarrib'e, çà.

JACQUOT.

Seur'ment qu'c'eft tarrib'e; car i'dit com'çà qu'c'eft
figne d'queut'chofe.... ah! mon Dieu!

LOLOTTE.

Signe d'quoi?

JACQUOT.

Pardi, j'n'en fais rian.... mais t'nez; le v'là qui
fort, & qui lorgne encore tout là-haut dans l'Ciel....
vous pouvez li parler; i vous répondra tout auffi ben
qu'moi.

SCÈNE VII.

LES ACTEURS PRÉCÉDENTS *en bas de la montagne,* USTUCE *fur le fommet, à la porte de fa cabane, avec une lorgnette.*

(accompagné.)

Nº 9. Air : *Salve-tu, Domine.* (Du Philofophe imaginaire.)

JE vois, je vois là-haut...

TOUT LE MONDE *en bas, regardant en l'air.*
Que voyez-vous là-haut ?

USTUCE.
Je vois, je vois là-haut....

TOUT LE MONDE.
Que voyez-vous là-haut ?

USTUCE.
Attendez, vous le faurez bientôt.....
Silence....

TOUT LE MONDE.
Que voyez-vous, enfin ?

USTUCE.
Je vois... je vois très-bien....

TOUT LE MONDE.
Que voyez-vous, enfin ?

USTUCE, *frottant fa lorgnette avec le coude.*
Je vois.... que..... je ne vois plus rien....

LOLOTTE.
Eh ben, nous v'là ben avancés !

USTUCE, *defcendant vîte de la montagne.*
Je ferai mieux en bas pour fuivre des yeux....

FRÆROT.
Suivre des yeux.... quoi ?

USTUCE, *lorgnant en haut de tous les côtés du théatre.*
Oh ! ce n'eft rien.... laiffez-moi.....

JACQUOT.
N'vous avais-je pas ben dit qu'il avait vu queuqu'-chofe ?..... I'dit que c'neft rian !....

(Uftuce s'arrête, court, s'arrête encore, & s'agite çà & là
comme un fou, en lorgnant toujours.... Tout le monde le fuit,
court avec lui, imite fes mouvements, la bouche béante & les
yeux collés fur le firmament.)

U S T U C E, *avec enthoufiafme.*

Schtt! filence....

F R E R O T.

Perfonne n'parle....

U S T U C E, *lorgnant.*

Silence, donc....

Nº 10. Air : *Il était une fille.* (accompagné.)

J'avais dit que la terre,
Eft un globe habité,
Et j'avais dit la vérité.

T O U T L E M O N D E, *fe regardant avec furprife.*
Eh!.....

U S T U C E.

Je vois dans l'athmofphère
Quelqu'un là-bas, là-bas,
Qui s'avance à grands pas.....

T O U T L E M O N D E.
Ah!....

Second couplet.

Flottant fur le nuage
Dans un petit vaiffeau,
D'un genre tout-à-fait nouveau....

T O U T L E M O N D E.
Oh!....

U S T U C E.

Chez nous il fait voyage....
Il va defcendre en bas....
Ne le voyez-vous pas?

(*Ici Nicodême paraît au coin d'une frife.*) (*Uftuce, interdit,*
laiffe tomber fa lorgnette.)

T O U T L E M O N D E, *s'enfuyant fur l'avant-fcène.*
Ah!...

SCENE VIII.

LES ACTEURS PRECÉDENTS, NICODÊME,
un inſtant de ſilence, pendant lequel Nicodême, s'arrête interdit, & lorgne Ustuce qui le lorgne auſſi, tandis que les payſans ſe ſerrant dans un coin, ſont ſtupéfaits d'étonnement.

No 11. (Accompagné.) Air: *Sentir avec ardeur.* (De Julie.)

Tout le Monde *d demi voix.*

Ah ! mon Dieu ! queuqu'c'eſt qu'ça ?
Queuqu'ça veut dire ?
Que d'mande c'Monſieu'là ?

Frerot.

Oh ! gnia pas de quoi rire.

Lolotte, *en tremblant.*

A peine j'reſpire :

Nicodême, *en l'air.*

Ah ! mon Dieu ! quoiqu'c'eſt çà ?
Queuqu'çà veut dire ?
Que m'veul'tous ces gens-là ?

Ustuce.

Il me regarde avec hauteur ! . . .
D'honneur   (bis)
J'ai preſque peur.

Nicodême.

Is ont la bouch'béante ;
J'crois que j'les épouvante. . . .
j'ai peur   (bis.)
Et j'leux fais peur ! . . .

Frerot.

Faut pourtant prend' ſon parti. . . .

No. 12. Air : *Il vous dit qu'il vous aime.* (d'Annette & Lubin.)

Monſieu', quoiqu'vous v'nez faire ?

Nicodême.

Monſieu', je n'veux pas d'mal.

Frerot.

Quoi c'qui faut pour vous plaire !

N I C O D Ê M E.

Monfieu', çà m'eft égal.

F R E R O T.

Ici faudrait vous rendre....

N I C O D Ê M E.

Monfieu', v'là que j'my rends.

F R E R O T.

Monfieu', faudrait defcendre.

N I C O D Ê M E, *defcendant.*

Monfieu', v'là que jdefcends.

Nicodême defcend; & le ballon refte à terre au fond du théâtre jufqu'à la fin de l'acte.

N I C O D Ê M E, *voyant tout le monde reculer.*

(*à part.*) Ils font quafi tentés d's'enfuir.... *haut.* Approchez, approchez; gnia pas d'crainte; je n'fis pas t'un loup-garou.... j'fis un homme tout comm' vous.

U S T U C E, *s'approchant le premier.*

Je vous ai vu de loin, Monfieur....

N I C O D Ê M E.

C'eft qu'vous avez la vue bonne, Monfieu'.... *aux autres.* Oh! approchez, quand j'vous l'dis.... je n'fis pas méchant.... j'mappelle Nicodême, & c'font tous bonnes gens dans ma famille.... *à Lolotte.* Approchez, la jeune fille.... J'aimons t'a voir un joli minois com'çà.

F R E R O T, *fe mettant entre deux.*

Douc'ment, douc'ment,... diantre! *à part.* Eft-c'qui s'rait v'nu exprès pour enlever les filles c'ti-là?

Mère B A H U, *regardant avec fes lunettes.*

Oh! gnia pas d'crainte à avoir; c'eft un homme véritab'e....

Mère C A S S E C R O U T E.

Allons, faut l'queftionner....

No 13. (Accompagné.) Air : *C'eft lorfque nous avons mis le cerf*
aux abois

T O U S E N S E M B L E, *lui parlant près de l'oreille.*

Qu'et'vous ? quoiqu'vous d'mandez ? d'ou c'que vous v'nez comm'çà ?
V'nez-vous d'ben loin ? Monfieu', dit'nous donc ç' ?

N I C O D Ê M E,

N I C O D Ê M E, *se bouchant les oreilles.*

Ah! n'm'étourdiffez pas, en criant tous com'çà;
Dans c'moment-ci, j'n'entends rien à tout çà.

Mais quand j'aurai dîné, j'vous répondrai fur tout
c'que vous me d'manderez.... j'ai faim; gnia pus d'deux
jours que je n'ai mangé.

Mère B a h u & Mère C A S S E C R O U T E.

Il a faim, c'pauv' garçon! voyais-vous çà? allons
vîte, gnia qu'à li aller charcher d'quoi s'raccommoder
l'app'tit....

(*Elles tirent leurs clefs de leurs poche, & chacun veut aller
chez foi.*)

U S T U C E.

Eh! non, le plus court eft d'envoyer chez moi.
A Jacquot. Jacquot! tiens, prends ma clef; va chercher là-haut....

J A C Q U O T.

Oui, Monfieu', j'entends ben.... j'm'en y vas...
(*Il paffe devant Nicodéme, qu'il falue niaifement........
Nicodéme le falue de même.*)

N I C O D Ê M E.

Il eft genti', c'ti-là....

J A C Q U O T, *s'en allant.*

Ah! Monfieu', j'dis, n'vous dérangeais pas....

<hr>

S C È N E   I X.

NICODÉME & les ACTEURS PRÉCÉDENTS,
excepté JACQUOT.

T o u t   l e   m o n d e.

N° 14. *Même air que le précédent.*

E n attendant qu'i r'vienne, i faut vous affeoir là.....
Çà doit laffer d'êt' dans c'te voitur'là.....
Pour vous r'pofer un peu, faut vous mett' fu c'banc-là.

N I C O D Ê M E, *s'affeoyant fur le banc des vieilles.*

Allons, Meffieux, volonquié, v'là qu'm'y v'là,....

D

A part continuant l'air.

I faut conv'nir, quoiqu'çà
Qu'font tous bon'gens que v'là ;
Oui-dà :
Oh ! moi, je m'plais déjà
Avec tout c'mond' là
Que j'vois là.

Les cors dans le lointain jouent la suite du même air :
Eh quoi ! tout sommeille ? Les 4 premiers vers seulement.

NICODÊME.

Quoiqu'c'est qu'on entend là ?

FREROT, *sautant de joie.*

C'est seur'ment Sa Majesté, qui chasse.... al'n'tar-
d'ra pas d'venir par ici.

NICODÊME.

Vous avez donc des Majestés, aussi, vous autres
gens de le 'une ?

Mère BAHU.

Seur'ment.... & not' Empereur est un bon brav'
homme ; si on n'li faisait pas-t-accroire tout l'contraire
de c'qui est !....

NICODÊME, *toujours assis.*

Ah ben, dame, çà, c'est l'ordinaire....

LOLOTTE.

Oui, mais c'est qu'nous sommes si misérables ! si
misérables !

NICODÊME.

Ah ben, dame, çà ; j'dis : vous n'êtes pas les seuls
dans l'monde.....

Mère CASSECROUTE.

Encore faut i' s'asseurer l'pain qu'on gagne à la
sueur d'son front....

NICODÊME.

Est-ce que vous n'avez pas d'pain queuqu'fois ?

FREROT.

Mon Dieu ! souvent çà arrive, çà ; car quand i' faut
payer tant d'impôts ; tant d'droits, tant d'sottises dont
les riches profitont....

NICODÊME.

N'avoir pas d'pain tout son saoul ! ah ben ! çà n'est
pas d'jeu, çà....... (*Il rêve un instant.*) Mais semb'e

là voir, que v'là l'occafion d'vous plaindre d'tout çà.... Si vot' Empereur viant d'vot' côté....

L O L O T T E, *montrant Frérot.*

Ah! oui; c'eſt c'qu'i' difait; mais qu'eſt-c'qu'ofera li porter la parole l'premier? Car c'n'eſt pas la hardieſſe qui nous manque; mais c'eſt qu'on n'ofe pas, voyais-vous?

N I C O D Ê M E.

Voulez-vous ti' que j'm'en charge? i' n'me connaît pas..... j'm'en moque, je n'fis pas de ce pays-ci..... & pis, d'ayeurs, j'li parl'rai ben poliment..... & ſi ceux-là, qui l'entourent, veulent s'fâcher; v'là ma voiture; j'faute dedans; & pis j'décampe....

<hr>

S C È N E X.

LES ACTEURS PRÉCÉDENTS, JACQUOT, *apportant du pain, des fruits & du vin à Nicodême.*

J A C Q U O T, *lui faifant de grandes révérences.*

T'ɴᴇᴢ, Monſieu' d'tout là-haut....

N I C O D Ê M E.

C'eſt-ti' pour moi, tout çà?

J A C Q U O T.

Gnia là tous les pus bieaux fruits qu'étaient dans not' ormoire, excepté queuqu'zuns, qu'étiont pus bieaux qu'les autres, & qui n'y font pus, parc'que j'vians d'les manger.... v'là pourquoi qu'j'ai été ſi long-temps.

<hr>

S C È N E XI.

LES ACTEURS PRÉCÉDENTS, *pluſieurs Piqueurs de la chaſſe de l'Empereur.*

(*Les cors de chaſſe les annoncent.*)

U ɴ P I Q U E U R.

Sᴀ Mᴀᴊᴇsᴛᴇ́ m'envoie favoir en quel endroit eſt tombée une eſpèce de nacelle, que nous avons ap-

perçue en l'air, avec un homme dedans..... Ah ! l
voilà.... c'eſt cela même.... & le voyageur ?

TOUT LE MONDE, ſaluant.

Le v'là, Monſieu' !....

NICODÊME, mangeant toujours.

Ben à vot' ſarvice..... (Les cors jouent encore un
bout d'air de chaſſe.)

SCÈNE XII.

LES PRÉCÉDENTS, LE MINISTRE,
des Seigneurs de la ſuite du Prince.

LE MINISTRE, s'arrêtant à la couliſſe.

Ah ! le voilà..... Je ſerais curieux de cauſer avec
cet étranger.

NICODÊME, s'approchant de lui.

C'eſt moi qu'arrive en droite ligne, Monſeigneur,
d'la Province d'la Terre, où c'qui gnia l'Royaume
d'France, dont j'peux vous raconter d'fières nouvelles....
(A l'oreille du Miniſtre.) Mais auparavant, je s'rais
ben-aiſe d'vous parler un p'tit brin en particuyer, ſi
c'eſt poſſible..... Vot' Majeſtai peut-elle m'écouter
ſeul'ment l'quart d'un p'tit inſtant ?

LE MINISTRE, à part.

Il me prend pour l'Empereur, profitons de ſa mé-
priſe. Haut. Volontiers, mon cher ami ; je ne demande
pas mieux que de contenter tout le monde.

NICODÊME, à part.

Il eſt pourtant bon, c' Empereur-là.... (Il l'attire
à l'écart, ſur l'avant-ſcè e.) Tous ces villageois qui
ſont par-là derrière, i n'oſont vous dire qu'i' ſont ben
malheureux ; mais moi, qu'arrive tout nouviau débar-
qué dans c'pays, i' m'ont conté leux miſère , & je m'fis
chargé d'vous dégoiſer tout çà, à celle fin qu'étant
leux Avocat, j'commence par une bonne-œuvre, mon
ſéjour dans vot' Royaume.

LE MINISTRE.

Plus bas, mon ami, plus bas, s'il vous plaît....

FREROT, *à ses compagnons.*

V'là qu'i' parle d'nous à Sa Majeftai..... faut attend' fa' rian dire..... *Ils écoutent tous.*

LE MINISTRE, *à voix baffe.*

En quoi donc font-ils fi à plaindre ?

NICODÊME.

I'n'ont pas eu l'temps de m'dire çà tout au long, voyais-vous? mais moi qui connois tout çà par com-paraifon, je deveine ben la caufe véritable d'leux chagrin.

LE MINISTRE.

Eh bien, dites-moi la..... tout bas.... à l'oreille...

NICODÊME, *avec feu.*

No 14. Air nouveau : (*du coufin Jacques.*)

J'vous dirai donc, en vérité,
Qu'vot' peup' fe défefpère :
Et qu'à l'infu d'Vot' Majefté,
On l'plong' dans la mifère ;
Moqué par-ci, foulé par-là,
Nuit & jour il travaille.....
Vos Courtifans font caufe d'çà,
T'nez, moi, j'vous dis qu'tous ces gens-là
N' f'ront jamais rien qui vaille.....

LE MINISTRE, *à part.*

Et c'eft à moi qu'il s'adreffe, pour m'inftruire de tous ces détails ! Heureufement que l'Empereur n'eft pas là....

NICODÊME.

Second couplet.

J'peux ben vous ajouter franch'ment
Qu'gnia rian-là qui m'étonne ;
Et qu'on a toujours pus d'tourment
Que d'agrément fur l'Trône.
Un Roi fouvent eft detefté,
Quand i' mérit' qu'on l'aime,
Tout l'mond' li cach' la vérité,
Parc' qu'on abufe d'fa bonté,
Et c'eft par-tout de d'même.

LE MINISTRE.

(*A part.*) Je n'y tiens pas. *Haut.* Vous vous mé-prenez, mon ami; l'Empereur n'eft pas ici; je ne fuis que fon miniftre....

NICODÊME, *interdit.*

Ah! mon Dieu! queu balourdife qu'j'ai fait là....
fi je pouvois rengaîner mes paroles!

LE MINISTRE.

(*A part.*) Il faut que je l'emmène chez moi.... S'il
parloit au Prince, fa franchife gâteroit tout. ... *Haut.*
Écoutez, mon ami. ... (*On entend pour la quatrième
fois, un air de chaſſe, pendant lequel l'Empereur arrive
d'un côté, tandis que le Curé & le Seigneur du village
entrent de l'autre.*)

SCÈNE XIII.

LES ACTEURS PRÉCÉDENTS,
L'EMPEREUR, L'ARCHEVÊQUE, (*à fa
fuite*), LE SEIGNEUR DU VILLAGE, LE
CURÉ, DES GARDES.

L'EMPEREUR, *criant vers la couliſſe d'ou il fort.*

Y A-T-IL bien loin d'ici à la Ville?

LE MINISTRE, *allant au-devant de lui.*
Deux petites lieues au plus, Seigneur.

L'EMPEREUR.

Qu'on remène les équipages; nous retournerons à
pied jufqu'au Palais.... Je fuis bien-aife de me promener un peu; toujours renfermé dans des apparte-
ments, c'eft un ennui mortel! j'aime à voir la campagne, moi.....A propos, ce voyageur célefte! N'eft-
ce point une fable?

LE MINISTRE, *cachant Nicodéme.*
Bon! Seigneur; c'eft une plaifanterie.....

NICODÊME, *pouſſant le Miniſtre.*
Oui, Votre Majefté; c'eft eune plaifanterie qu'Mon-
feigneur l'Miniftre veut vous faire. ... C'eft moi
qu'arrive d'ben loin. ...

USTUCE.
Oui, Seigneur, il arrive de la terre, dans la machine
que voici.....

L'Empereur.

De la terre! allons, vous rêvez....

NICODÈME.

Pas du tout, Vot'Majeflé.... j'commence par vous
dire que je n'fis qu'un pauv' campagnard de c'te boule
que vous voyez dans l'Ciel durant la nuit.... tout
comm' nous voyons cheux nous vot' boule, drès que
l'foleil s'couche; c'telle-là s'appelle la terre; & c'telle-
ci, c'est c'que nous appellons la Leune....

USTUCE, *gravement.*

Il vous dit bien, Seigneur,... je fuis Aftronome,
& je m'y connois....

L'Empereur.

Vous lifez dans les Aftres! Ah! je fuis bien fâché
de vous connoître fi tard; il faut venir à ma Cour.....

JACQUOT, *fautant de joie.*

T'nais, mon Papa; v'là not' forteune faite tout d'un
coup! oh! queu joie!

L'Empereur, *à Nicodème.*

Pourfuivez.....

NICODÈME.

Si j'fai tout çà, c'est pas que je fois favant, dà....
mais c'est mon pauvre maître qui m'l'a t'appris.....Ah!
l'pauvre homme! j'lons pardu dans l'chemin!...C'est
une tarrib'e hiftoire, allez, que c'telle-là...

L'Empereur.

Je fuis curieux de l'entendre.... Mais un inftant....
(*Il promène fes regards fur tous les payfans qui l'en-
vironent.*) Ce font là, je crois, les habitants de ces
campagnes-ci?..... Comme ils font triftes! Quel air
morne & foucieux! l'inquiétude fe peint fur leurs vifages
altérés.... ils n'ont pas l'air heureux!.... Miniftre,
eft-ce là cette gaieté champêtre, que vous me vantiez
tant? A vous entendre, je devois remarquer fur toutes
les phyfionomies, le contentement & la joie....

Le Ministre.

L'arrivée de cet étranger, Seigneur, les a frappés
d'étonnement.

LE SEIGNEUR.

Votre préfence.... les interdit probablement auffi..

L'EMPEREUR.

N'eft-ce point à vous, cette terre, où nous fommes?

LE SEIGNEUR.

Oui, Seigneur....

L'EMPEREUR.

Eh bien; qui plus que vous doit être inftruit de ce qui caufe leur trifteffe, puifque vous êtes obligé par état de les foulager dans leurs befoins?

LE SEIGNEUR, *bas au Curé.*

Curé, tirez-moi de ce mauvais pas; prenez ma défenfe, je vous en conjure....

L'EMPEREUR.

Quel eft ce vieillard, à qui vous adreffez la parole? Approchez, Monfieur, ne vous cachez point; votre âge, votre habit, & fans doute vos vertus, vous interdiffent une timidité déplacée....

Mère BAHU & Mère CASSECROUTE.

Ah! Vot' Majefté! c'eft not' brave Curé, t'nez, c't' homme-là, c'eft l'père des pauvres....

TOUT LES PAYSANS.

Nous l'chériffons trétous.... ah! c'eft ben vrai....

L'EMPEREUR, *au Pontife.*

(*Bas.*) Prélat; aucune flatterie de cour ne vaut cet éloge.... (*Au Curé.*) Eh bien, Monfieur le Curé, vous fatisferez à ma demande, au moins, vous....

LE CURÉ.

(Accompagné.) Nº 15. Air : *Charmante Gabrielle.*

Un Prince eft une Rofe
Qu'amufe le Zéphyr;
A peine eft-elle éclofe
Qu'on cherche à la flétrir.
Une épine cruelle
   Offrant fes traits,
De cette fleur fi belle
   Défend l'accès.

} *Tout le peuple répète à voix baffe.*

LE PRÉLAT, LE MINISTRE, ET LE SEIGNEUR.

(*à part.*) Quelle audace!

LE CURÉ.

Le Curé.

Second couplet.

Cette Rose est l'emblême
De Votre Majesté ;
Chez vous le Diadême
Couronne la bonté.
Mais, ce qui nous chagrine,
Hélas ! Seigneur !
Vos flatteurs, font l'épine ;
Et vous, la fleur.

} *Refrain
à voix basse.*

NICODÊME.

(*A part.*) Tiens ! comme il vous a torné çà c'Curé !
quoiqu' je n'manque pas d'esprit, je n'l'aurais pas dit si
bian qu'li…. (*Un silence général, Nicodême ajoute,
encore à part.*) V'là qu'Sa Majesté n'dit pus rian ; faut
que j'la tire d'sa mélancolie…. (*Haut.*) A présent,
c'est à mon tour à parler, si vous voulez ben me l'parmettre…. Oh ! j'ons tant d'nouvelles à vous raconter,
qu'je n'sais par queu' bout commencer.

L'EMPEREUR.

Un peu plus tard, mon brave homme, s'il vous plaît…
j'ai besoin de vous questionner sur mille choses qui
excitent ma curiosité…. & vous aussi, Monsieur le
Curé…. (*Il réfléchit encore un moment en silence.*)
Vous me suivrez tous les deux…. (*Au Seigneur.*) Je
vous charge du soin d'introduire ces deux personnes à
ma Cour, & de veiller à ce qu'il ne leur manque rien….
(*Aux paysans.*) Adieu, mes amis…. Je ne vous quitte
pas tout-à-fait ; mon cœur reste auprès de vous…. Je
saurai vous en donner des preuves…. Allons, Messieurs, retournons au Palais….

LE SEIGNEUR.

On m'avoit fait espérer que Votre Majesté voudroit
bien m'honorer de sa visite…. tout est disposé chez
moi pour l'attendre….

L'EMPEREUR, *avec un sourire affecté.*

Mille remerciements, M. le Duc ; j'ai pensé que de
nouvelles affaires sollicitent un prompt retour dans ma
Capitale ;…. & puis vous savez qu'il commence à
régner une fermentation dangereuse dans mes Etats,
grace à la manière dont se conduisent certains grands….

E

& je crois ma préfence, plus néceffaire que jamais, au maintien du bon ordre.... Excufez, je vous prie....

LE PRÉLAT, d'un ton fec.

Bon ! Seigneur ! une fermentation ! ce font de vains bruits, par lefquels on voudroit frapper votre imagination.... Nous en faurions quelque chofe, peut être....

L'EMPEREUR, ironiquement.

Les Miniftres ne difent pas tout ce qu'ils favent.... ils auroient peur de frapper l'imagination du Souverain.

LE PRÉLAT, au Miniftre, tout bas.

C'eft fait de nous, fi nous n'agiffons avec promptitude.....

L'EMPEREUR.

Allons partons.... il eft temps....

(Tout le monde fe difpofe à partir : on attend l'empereur ; mais il refte feul, rêveur fur un coin de l'avant-fcène ; tous les yeux font fixés fur lui.... & tout le monde s'arrête pour l'attendre.....)

N° 16. Air nouveau, du coufin Jacques.

L'EMPEREUR, à part, fur l'avant-fcène.

Avant la fin de la journée
On verra bien du changement....

LE PRÉLAT, LE MINISTRE ET LE SEIGNEUR, à part.

Veillons à notre deftinée ;
Et prévenons l'évènement.

TOUS LES PAYSANS, regardant les trois Seigneurs.

I's ont la mine confternée ;
Aucun des trois n'a l'air content.

LE PRÉLAT, LE SEIGNEUR ET LE MINISTRE.	ENSEMBLE. L'EMPEREUR, à part.	LES PAYSANS, à part, ET LE CURÉ.
Veillons à notre def-tinée	Ava c la fin de la journée	Ils ont la mine conf-ternée ,
Et prévenons l'évé-nement.....	On verra bien du changement,	Aucun des trois n'a l'air content ,
Et prévenons l'évé-nement.....	On verra bien du changement,	Aucun des trois n'a l'air content,
l'évènement... bis.	du changement. bis.	n'a l'air content. bis

(Silence général.)

L'EMPEREUR, *à part.*

Un trait de lumière,
Rayonne & m'éclaire....
Le cri du bonheur
Agite mon ame,
L'anime, l'enflamme....
Et brûle mon cœur.....

LE MINISTRE, LE PRÉLAT ET LE SEIGNEUR, *à part.*

La plaifanterie,
L'amère ironie
Règnent dans fon ton :
Son regard févère,
Sa froide colère
Ne dit rien de bon.....

LES PAYSANS ET LE CURÉ, *à part.*

Prenons ,) l'atience,
Prenez   )
Gardons le filence,
Reftons en repos.....
Il faut tout attendre
Du Ciel, qui va prendre
Pitié de nos maux.

(*Silence général.*)

L'EMPEREUR, *fe retournant vivement & affectant un air gai.*

Allons, partons, (*aux Payfans.*)   Et vous, prenez courage....

L'EMPEREUR, *à part.*	LES PAYSANS, *à part.*	
Je veux, moi feul, je veux brifer leurs fers.	Reprenons du courage.	bis.

L'EMPEREUR.

Il eft grand temps que l'on vous dédommage   bis.
De tous les maux que vous avez foufferts....   bis.

L'EMPEREUR, *à part.*	LES PAYSANS, *à part.*	
Je veux, moi feul, je veux brifer leurs fers.	Reprenons du courage.	bis.

Tout le monde fort ; les payfans feuls reftent fur la fcène, levant les mains vers le Prince.

La toile tombe.

Fin du premier Acte.

ACTE II.

Le Théâtre repréſente la Salle d'Audience du Palais de l'Empereur.

SCÈNE PREMIÈRE.

NICODÊME, *ſeul, entrant par le fond & parlant aux gardes du dehors.*

C'EST donc dans c'te ſalle que j'vas attendre Sa Majeſtai?.... Oui; c'eſt ici.... ah! çà fait un biau appartement!... *Il ſalué les couliſſes;* faut êt' poli. Toute c'te magnificence-là mérite ben eune ſaluade en paſſant.... *Il réfléchit....* mais j'nen reviens pas, c'que c'eſt que d'nous! v'là c'ballon, qu'eſt parti d'France, à cauſe qu'la révolution li a fait peur..... Eh ben, i m'amène dans la Leune; & juſtement v'là qu'la révolution commence par ici.... Ce r'mue-ménage des Empires, çà vous gagne tous les mondes d'l'Univers en moins de rian; c'eſt eune rage.... Oh! faut qu'i gnait queut'choſe dans l'air, qui communiqu'çà.... Ah! c'eſt l'vent qu'eſt à la révolution....Cet Empereur eſt eune bonne parſonne, qu'a du bon ſens; il a eu l'courage de paſſer quatre heures à m'entendre raconter mon voyage; mais comme il ouvroit l'foreilles! comme i faiſait d'grands yeux, quand j'lions dit comme quoi les Français aviont voulu faire dénicher l'eſclavage d'leux pays! comme quoi ils aviont aſſemblé eune belle Aſſemblée d'gens capables, pour faire d'bonnes Loix! comme quoi leux Roi s'y étoit prêté de bonne grace! & comme quoi il avoit r'connu qu'on eſt jamais pus heureux ſur l'Trône, qu'quand on eſt entouré d'gens vrais, & qui vous aimont ſincèrement!... Je n'lions pas dit qu'gni avoit eu par-ci par-là queuq' p'tite eſcarmouche; j'lions fait accroire qu'tout çà s'étoit paffé l'mieux du monde, pour afin qu'fi queuq' fecouffe avoit lieu par ici, gniait pas d'fang d'répandu, fi c'eft poffible. Si j'parvenions, moi pauv' payfan d'la terre, avec gros mon bon-fens, à faire eune chofe comm' celle-là.... Ah! çà m'fr'ait ben d'l'honneur, dà.... çà s'rait un fier coup.....

(*Accompagné.*)

No 17. Air : *Ah ! que je fens d'impatience*, (d'Azémia.)

Ah! comme j'furprendrai tout l'monde,
Quand je vais r'tourner dans mon pays!
Des millions d'Français à la ronde,
En me r'gardant, s'ront ébahis!...
« Comment! i' r'vîant d'la Leune ?
« D'la Leune ! ah ! c'eft tarrible!
« N'eft-c'ti pas un menfong' qu'i' nous fait là ?
« V'nir de la Leune ! Eft-ti' poffible?
Ah! queul homm' que c' Nicodêm' là!
Et pis les queftions : Monfieu', vous voilà ?
« Qu'eft-c' que c' pays-là ?
« Contez-nous donc çà....
« Vous nous direz çà.   3 *fois.*

J'leu' dirai. Eh ben, j'parierois ben.....
Qu'perfonne, *bis*, qu'perfonne n'me croira.   *bis.*
Qu'perfonne n'me croira.   *bis.*

Second couplet.

Mais fi l'leux dis qu'par mon génie,
J' m'y fomm' fait eun' réputation,
Et qu'jons, pour le bien d'la Patrie,
Aidé dans eune révolution.....
Oh ! pour l'coup, i' vont dire, ...
Eft-c'ben-là c'Nicodême?
Eft-c'ben s'nigaud, qu'a fait tant d'chofes qu'çà ?
J'dirai : Meffieurs, oui, c'eft moi-même,
Et pis tout chacun s'ra de d'là.... *gefte de ftupéfaction.*
« C'eft donc vous que v'là!...
— « Oui, c'eft moi que v'là....
« Qu'avez fait tout çà ? ....
« Moi, qu'ai fait tout çà....
« Vous, qu'avez fait çà ?   3 *fois.*
— Oui dà, oui dà....

Oui, Meffieux; eh ben! quoiqui'gnia donc là d'fi furprenant?.... Eh ben, t'nez, maugré çà je gage encore.

Qu'perfonne, *bis*. n'me croira.   *bis.*
Qu'perfonne n'me croira.....   *bis.*

Eh! mais, quand j'y penfe, l'Empereur m'a dit
com'çà, qu'pour m'récompenfer d'toutes les bonnes
idées que j'lions fait venir, i m'f'rait préfent d'eune
jolie femme…. à mon choix, encore…. il eft généreux, dà…. Eh ben, quand j'aurons amené avec moi
eune femme d'la Leune, faudra ben qu'on m'croie,
pour l'coup…. ah! v'là queuqu'z-un….

SCÈNE II.

NICODÉME, AGLAÉ.

NICODÉME.

ALLE entre fans penfer où c'qu'alle va…. alle rêve
à part elle…. alle eft jolie…. m'eft avis qu'fi c'telle-
là veut me fuivre, mon choix s'ra bentôt fait.

AGLAÉ, (s'arrétant, fans voir Nicodéme.)

Nº 18. Air nouveau, *du Coufin Jacques.*

Ah! quelle gêne & quel tourment
Pour un cœur fenfible & fidèle,
Quand il foupire vainement
Sans pouvoir exprimer fon zèle!
Un Prince dont tout fuit les loix
A fur mon cœur un double empire,
Amour, détermine fon choix,
Pour mettre fin à mon martyre!   *bis.*

NICODÉME, à part.

Elle eft amoureufe; v'là qu'eft clair, d'aborb & d'un

AGLAÉ.

Second couplet.

Ce n'eft ni l'or, ni la grandeur,
Qui font fes droits à ma tendreffe…;
Hélas! je n'en veux qu'à fon cœur;
Le rang n'a rien qui m'intéreffe:
Il ferait plus grand à mes yeux,
S'il favait aimer comme on l'aime:
Le myrte à fon front fiérait mieux
Que tout l'éclat du diadême.   *bis.*

NICODÉME.

(*A part.*) Alle a du chagrin; c'eft eune chofe

feure. *Haut.* Excufez, belle Dame; mais nous aut's habitants d'la terre, nous n'faurions jamais voir eune jolie femme dans la peine, fans li d'mander c' qu'all'a !...

A G L A É, *vivement.*

Ah ! brave homme..... Je fuis charmé de vous trouver ici....

N I C O D Ê M E.

Je n'm'appelle pas *brave homme* ; j'm'appelle Nicodême, mais çà n'y fait pas ; dites roujours.

A G L A É.

N'eft-ce pas vous, qui êtes arrivé ce matin par une voiture aërienne ?....

N I C O D Ê M E.

Oui, par la galiotte du Firmament.... mais c'eft égal...

A G L A É.

Je fuis déjà inftruite de bien des chofes, au moins ; votre arrivée dans ce pays a fait un bruit épouvantable...

N I C O D Ê M E.

Bah ! J'fis pourtant venu tout doucement, & fans rien dire....

A G L A É.

Je fais que l'Empereur vous permet d'emmener avec vous une femme de fa Cour, quand vous vous en irez...

N I C O D Ê M E.

Eune femme d'la Cour ! ah ! diante ! voyais-vous çà ? I m'avoit ben parlai d'eune femme du pays, mais i n'mavait pas dit qu'çà ferait dans la Cour que j'la choifirais ... eune femme d'la Cour ! ah ! diante ! c'eft fuperbe, çà.... faudra li faire ben des politeffes, dà... Eune femme d'la Cour !.... êtes-vous-ti eune femme d'la Cour, vous ?

A G L A É.

Hélas ! oui, mon ami.... & l'une des premières femmes de l'Empereur, encore....

N I C O D Ê M E, *relevant fes faces de cheveux pour*
mieux entendre.

Coument eft-ce que vous dites-çà ?

A G L A É.

Une des femmes de l'Empereur....

N I C O D Ê M E.

I' en a donc très-ben?....

A G L A É.

L'ufage eſt qu'il en ait ſix-cents deux....

N I C O D Ê M E.

Eh b.n, j'gage qu'il en a ſix-cents d'trop, pour le
moins.... ſont-elles trétoutes auſſi jolies qu'vous?....

A G L A É.

Vous êtes bien honnête; mais cet Empereur-ci ne
ſuit pas l'ufage, il en a tout au plus gardé deux douzaines, pour en faire préſent de temps-en-temps aux
favoris qu'il veut récompenſer.... & il n'en a gardé
que trois pour lui.

N I C O D Ê M E.

C'eſt ben aſſez.... Mais, dit' donc, vous; eſt-c'qu'on
donne ici eune femme, comme eune paire de gants?

A G L A É,

No 19. Air nouveau, *du Couſin Jacques.*

Voyez les mortels généreux,
Ils donnent, quand ils ont pour eux
Plus que leur néceſſaire.

N I C O D Ê M E.

Mais diſpoſer d'voſ' libarté!....

A G L A É.

Vous ſavez que l'oiſiveté,
De tout vice eſt la mère. ..

N I C O D Ê M E.

Mais.... eſt-c' qu'eun' femm' conſent à çà.

A G L A É.

Il vaut mieux en paſſer par-là,
Que d'être à ne rien faire .... *bis.*

Mais plaiſanterie à part; comme Sa Majeſté veut
vous diſtinguer de tout autre, je crains qu'elle ne vous
donne à choiſir parmi ſes trois favorites.

N I C O D Ê M E.

Oh! vous n'avez rien à craindre; ſi çà arrive, mon
parti eſt pris; j'vous ai vue, mon choix eſt fait....

A G L A É.

Mais écoutez donc.

Nicodème.

NICODÈME.

J'vous dis qu'gnia pas d'crainte, c'eſt ſeur, çà, vous
v'là, tout eſt dit....

AGLAÉ.

Vous ne m'entendez pas....

NICODÈME.

J'vous dis d'vous fier là-deſſus ; j'nai qu'eune parole...

AGLAÉ.

C'eſt préciſément, Monſieur, ce que je n'veux pas...
Je viens exprès vous prier de ne pas faire tomber votre
choix ſur moi....

NICODÈME.

Ah ! ah ! ah !.... c'eſt différent ; en v'là ben d'eune
autre, à c'te heure !.... Et pourquoi çà ?

AGLAÉ.

J'aime l'Empereur, & jamais je ne me réſoudrais à le
quitter.

NICODÈME.

Vous l'aimais !.... & vous aime-t'i, lui ?

AGLAÉ.

Nº 20. Air : *Auſſi-tôt que je t'apperçois.* (d'Azémia.)

Dès le premier rayon du jour
 Il me dit qu'il m'adore ;
Le ſoir en me faiſant ſa cour,
 Il me le dit encore.....
Mais aux deux autres, à l'inſtant,
Le traître ! il en va dire autant ! *bis.*
Je ſçais que la loi l'autoriſe ;
Que ſon inconſtance eſt permiſe....
 Mais s'il m'aimait !.... *bis.*
S'il m'aimait tendrement, je croi,
Son cœur lui dirait que la loi
Ne lui permet rien que pour moi.

NICODÈME.

Vot' motion eſt juſte.... Comment donc c'qui' faut
que j'm'y prenne ?

AGLAÉ.

Débarraſſez-moi d. mes deux rivales.... elles ne
ſont pas à dédaigner.... & quand je ſerai ſeule.... je
ſerai bien plus ſûre de l'avantage....

NICODÈME, *réfléchiſſant.*

Ah ! çà, ſans contredit, quand on eſt toute ſeule,
on eſt ben ſeure d'la préférence.

A G L A É.

O Ciel! j'entends du bruit.... *Elle va voir qui c'est.*
C'est une des femmes du Prince.... Je voudrois les
entendre à leur infu.... où me cacher?

N I C O D Ê M E.

Gn'ia pas d'cabinet, ici; je n'peux pas vous mett'
dans ma poche.... Fourrez-vous derrière cune d'ces
colonnes; alles ne vous varront pas là....
Aglaé se cache dans une coulisse, sur le devant du théatre.

S C È N E I I I.

N I C O D Ê M E, Z I L I A.

Z I L I A.

Le voilà justement.... courons à lui.... Mon cher
voyageur!.... Comme il est gentil! il a une physio-
nomie riante.... Ah! mon cher ami! j'ai bien du chagrin, allez.... Il a une figure loyale & franche; j'aime
cela, moi.... Ah! si vous saviez ce qui cause mon
inquiétude!.... Que sa tournure me plaît!....

N I C O D Ê M E, *la fixant.*

Ah! çà; mais.... est-c'que vous v'nais ici pour
vous gauffer du monde, vous?

Z I L I A, *bien tendrement.*

Oh! non pas, non pas.... Ecoutez-moi.... C'est
vous qui venez de la terre?

N I C O D Ê M E.

Oui, j'en vians; mais j'n'en vians pas pour qu'on
s'moque de moi....

Z I L I A.

Me moquer? ah! Dieu! j'en suis bien éloignée....
écoutez quelques instants:

N° 21. Air *nouveau, du Cousin Jacques.*

Entre trois roses
Fraîches, éclofes,

Zéphyr voltigeait incertain.
Il veut choisir, & puis soudain,
Il donne à chacune un coup d'aile;
Il veut caresser toutes trois ;
Il cherche toujours la plus belle:
Mais plus il balance son choix,
Plus l'incertitude est cruelle.

Entre trois roses
Fraîches, &c.

N I C O D Ê M E,

Quoiqu'çà veut dire, tout c'que vous m'contais là ?

Z I L I A.

Ne vayez-vous pas que c'est une fable ?

N I C O D Ê M E.

Eh! morgué! si vous n'v'nais ici qu'pour me conter des fables! quand l'temps m'presse, quand l'Empereur m'a dit de m'tenir ici pour l'attendre: i va v'nir, d'abord; & pis j'naurons pas l'loisir d'vous écouter....

Z I L I A.

Oh! que si; j'irai vite. La fable que je viens de vous dire, vous apprend que l'Empereur a trois femmes....

N I C O D Ê M E.

J'sais çà....

Z I L I A.

Et qu'il est impossible d'aimer trois femmes à-la-fois; car, en dépit des usages, le cœur est par-tout le même; & l'amour est par-tout exigeant....

N I C O D Ê M E.

J'sais tout çà....

Z I L I A.

Oui; mais ce que vous ne savez pas, c'est que son projet, m'a-t-on dit, est de vous en donner une des trois....

N I C O D Ê M E.

J'sais encore çà.....

Z I L I A.

Et je viens pour vous prier....

N I C O D Ê M E.

J'sais c'que vous allais m'dire....

Z I L I A.

Vous conjurer de....

(44)

N I C O D Ê M E.

J'fais tout çà, j'vous dis.

Z I L I A.

Non, non; vous ne vous doutez pas de ce que je
veux vous dire....

N I C O D Ê M E.

Oh! que si fait, j'men doute.... Vous v'nais me
d'mander de n'pas vous choisir....

Z I L I A.

Au contraire; je vous demande en grace de m'emmener avec vous.

N I C O D Ê M E, *interdit.*

Bah!.... C'est comme un sort, donc, çà?... c'est
t'i' pour tout d'bon?

Z I L I A.

Très-sérieusement; je m'ennuie d'un amant qui par-
tage sa tendresse; & j'en veux un, qui n'aime que
moi....

N I C O D Ê M E.

Mais moi, je n'vous connois pas, tant seulement....

Z I L I A.

Oh! nous aurons bientôt fait connoissance....

N I C O D Ê M E.

Diante! comme vous y allais!.... &, si je n'vous
aimais pas?

Z I L I A.

Vous m'aimerez; vous me chérirez; vous m'adorcrez...

N I C O D Ê M E.

(*A part.*) Alle m'a l'air un tant soit peu coquette...
mais, quoiqu'çà, alle est gentille....

Z I L I A.

Qu'est-ce que vous marmottez entre vos dents? ah
çà, me choisirez-vous?

N I C O D Ê M E.

(*A part.*) Alle est pressée, c'te Dame.... Eh ben!
soit, je l'veux ben, moi; mais n'badinons pas, au
moins.... vous m'avez l'air un peu'étourdie, dà; & si
par hazard vous étiais tentée de m'faire un p'tit brin
d'infidélité, quand eune fois nous voyagerons tous

feuls par les airs, j'vous avertis que j'vous laiss'rai en route d'abord....

ZILIA.

Je crois qu'on vient; c'eſt l'Empereur. Je ne veux pas qu'il ſache que je vous ai parlé : faites comme ſi le choix venoit de vous-même, au moins.... Par où paſſerai-je? il va me voir....

NICODÊME.

Mettez-vous derrière c'te colonne-là.... j'touſſerai, quand il faudra qu'vous ſortiais.... t'nez, j'frai com'çà.... Br'r'r'.... hem! hem!

Zilia ſe cache dans la couliſſe oppoſée à celle où eſt Aglaé.

⋘━━━━━━━━━━━━━⋙

SCÈNE IV.

NICODÊME, BIBI.

BIBI, *avec le ton le plus apathique, & le plus dédaigneux.*

AH! c'eſt donc là cet homme, qui vient de la terre! il eſt curieux de voir un pareil homme....

NICODÊME.

Eh ben, vous pouvais contenter vot' curioſité ; car me v'là moi-même.....

BIBI.

Oh! qu'il eſt laid!

NICODÊME.

Eh ben! all' n'fait pas d'compliment, c'te dame!

BIBI.

Quelle tournure gauche! & qu'il a l'air bête!

NICODÊME.

Ecoutez donc, Madame ; ſi vous n'avais qu'çà à m'dire, vous pouvais paſſer vot' chemin.....

BIBI.

Sa Majeſté a voulu rire, ſans doute, en diſant qu'il choiſirait une de ſes trois femmes.....

(46)
NICODÊME.

Oh ! raſſurais-vous ; vous pouvais compter qu'je
n'vous choiſirai pas.....

BIBI.

Et moi, je veux que vous me choiſiſſiez..... Je
voudrais bien voir que vous donnaſſiez la préférence
à une autre....

NICODÊME, interdit.

Ah ! çà ; badinais-vous-t'i ? ou n'badinais-vous-t'i pas ?

BIBI.

Eſt-ce qu'on voudrait badiner avec un nigaud comme
vous ?

NICODÊME.

Avec un nig ?... (à part.) Ah ! j'vois c'que c'eſt ;
c'eſt eune p'tite maîtreſſe ; eune capricieuſe ; çà veut,
& pis çà n'veut pus ; çà vous dédaigne , & pis çà vous
n'cherche.... Au Public.

Nº 22. Air : De la Cataquoi , (contre-danſe.)

J'vois qu'la Leune eſt comme la Terre ;
Qu'tout çà ſe r'ſſemb' comm' deux goutt' d'ieau ;
Qu'c'eſt pein' pardu ! ſi l'on eſpère
Ici rencontrer du nouvieau ; ....
Tous les curieux comm' Nicodême
En v'nant ici, s'ront ben punis.....
    Ducs & Marquis,
    Fiers & petits,
    Petits Prélats,
Ben altiers & ben plats ;
Ma foi, ſi l'monde eſt par-tout d'même,
Valait autant reſter là-bas.

Second Couplet.

P'tit' bégueuſ', qui, parc' qu'all' ſont belles,
Croyont qu'tout en ell' eſt parfait ;
A l'un, à l'autre all' ſont fidelles ;
Et tour-à-tour chacun leux plaît. ...
Eſprit fantaſque, humeur hautaine ; ...
Cœur gâté par les courtiſans. ...
    Petits pédans,
    Ben impudens ;
    Mépriſant ceux
Qui valont ben mieux qu'eux....
Les voir ici, c'n'eſt pas la peine ;
Les Français ont d'tout çà chez eux.

(47)

B I B I , *avec dédain.*

Qu'eft-ce que vous dites là , mon ami?

NICODÊME.

J'dis que j'fis tout étonné d'trouver dans c'pays-ci tout c'qui gnia dans l'mien ; des gens habillés, à-peu-près , tout comme nous, des Curés, des Archevêques, des Empereurs, des Ducs....

BIBI.

Bon ! eft-ce que les hommes ont auſſi pluſieurs femmes chez vous ?

NICODÊME.

Ah ! j'dis : pas ſelon la loi ; mais la loi n'i fait pas : on ſaute par-deſſus ; enfin, j'vous dis, moi ; qu'ces deux pays-là ſe reſſemblont..... faut qu'i' gniait là-deſſous du miraque...... faut croire qu'i' s'ra v'nu autre fois des Français dans c'te Leune..... & qu'ils y auront laiſſé leux coûteumes..... c'eſt çà tout juſte-ment, pourquoi c'qu'i' gnia encore cheux nous tant d'lunatiques..... Ah ! c'eſt çà même....

BIBI.

Oh! il s'en trouve encore plus ici....

NICODÊME.

Parguenne ! j' l'crois ben ; c'eſt l'terroir....

BIBI.

Vous ne devez plus être ſurpris qu'il ſoit venu des habitants de la terre dans notre planette, puiſque vous y êtes bien venu, vous.

NICODÊME.

Oh! ſi j'y ſuis v'nu, c'neſt pas d'ma faute. J'étions cheux un ſavant, qu'inventoit tout plein d'balles choſes; il a eu peur d'la révolution d'là-bas; car les ſavans d'là-bas, i's ont l'ame ſi bonne, que la p'us p'tite eſcarmouche leux fait peur.... ſi ben donc qu'i m'dit, dit-i ....

BIBI.

Eh ! qu'eſt-ce que me font, à moi, tous ces détails? Vous m'ennuyez....

NICODÊME.

Allons, je n'dis pus rian....

B I B I.

Et moi, je vous dis de continuer; je veux favoir le
refte....

N I C O D Ê M E.

(*A part.*) Ah! mon Dieu! queu' drôle de p'tite
femme! (*Haut.*) Si ben donc qu'i m'dit, dit-i' : Nicodême, dit-i', veux-tu v'nir avec moi dans la Leune?
Bah! laiffez donc, que j'lis dis.... Monte toujours,
qui m'dit, dans c'ballon.... Moi, pour rire, j'y monte;
i' s'met à côté d'moi; & pis v'là qu'çà s'enlève ni pûs
ni moins qu'eune foupe au lait.... Mais, au bout de
queuqu' jours d'voyage, n'vlà-ti' pas.... (*Il s'afflige.*)
qu'en dormant.... l'pauvre homme.... Faut vous dire
qu'on n'voyait pas du tout;.... on étoit comme dans
les brouillards,.... à p'us d'trente mille lieues d'terre....
Eh ben, n'vlà-ti' pas qu'en dormant,.... nous n'avions
pas d'aut' lit qu'la nacelle d'not ballon,.... où c'que
nous étions toujours..

B I B I.

Eh bien? en dormant?

N I C O D Ê M E, *pleurant.*

En dormant, v'là qu'apparemment, dans un rêve
où c'qui s'agitait trop fort pour un p'tit lit comme
l'nôtre, i' s'laiffe tomber dans la ruelle?

B I B I.

Bon! bon! c'eft très-comique; mais parlons d'autre
chofe.... L'Empereur va venir; je vous ordonne de
lui dire que vous me prenez pour femme....

N I C O D Ê M E.

Voyais-vous çà! *Je vous ordonne....* (*A part.*) Al'
commence à m'intriguer avec fon p'tit ton décidé....
(*Haut.*) J'n'aurons p't'êt' pas beaucoup de temps pour
d'vifer d'çà;.....l'Empereur a ben aut'chofe à penfer,
ma foi.... c'te révolution qui fe prépare?

B I B I.

Bah! cette révolution?

N I C O D Ê M E.

Eh! oui, feur'ment.... Vous n'favez donc pas que
l'peuple....

B I B I.

B I B I.

Bah! le peuple ! le peuple !....

N I C O D Ê M E.

(*A part.*) Allons c'eſt eune Ariſtocrate; c'eſt décidé, çà.... (*Haut.*) Oui, Madame; *l'peuple*.... &,
ſans *l'peuple*, les grands ſerions ben embarraſſés,
allais.... Je n'dis pas que parfois l'peuple n'aille un
peu trop loin, mais....

B I B I, *vivement.*

Eh bien, Monſieur? il a raiſon; & je ſuis très-fort
du parti du peuple.... Et quand je penſe aux injuſtices
qu'il eſſuie, mon cœur ſe révolte. Ah! je vous con-
ſeille de prendre le parti des grands.

N I C O D Ê M E.

(*A part.*) Allons: c'eſt dit; c'te Dame eſt folle, gnia
là (*montrant ſa tête*) queuq' choſe d'dérangé....

B I B I.

On vient; je ne veux pas être vue ici, ſeule avec
vous....

N I C O D Ê M E.

Mettais-vous derrière c'te colonne par là-bas....

B I B I.

Eh! pourquoi me cacher? Je veux qu'on me voie,
moi....

N I C O D Ê M E.

Queul eſprit de contradiction, donc! Ah çà! çà commence à m'impatienter, tout çà. Cachais-vous, où
n'vous cachais pas, j'vous avertis que j'men moque,
moi.... tien!.... queuq' c'eſt donc?

B I B I.

Je me cache; mais ayez toujours bien ſoin de me
donner la préférence....

(*Bibi ſe cache dans une couliſſe plus éloignée, du côté
d'Aglaé.*)

G

SCÈNE V.

NICODÊME, LOLOTTE, *accourant bien vîte.*

LOLOTTE, *à part.*

J'ONS appris qu'il était dans c'te salle ; j'fis passée, parsonne n'ma rian dit....

NICODÊME, *à part.*

Ah ! c'est c'te petite paysanne ; c'est ma première inclination dans l'pays.... Oh ! si alle voulait que l'emmène aussi ! Queu' joie qu'çà f'rait !

LOLOTTE.

Ecoutez – donc, Monsieu Nicodême ; partais-vous bentôt ?

NICODÊME.

Oui, Mam'selle, à c'que j'pensons. Mais, pourquoi qu'vous me d'mandais çà ?

LOLOTTE.

N° 23. Air : *Monsieu', j' l'veux ben.* (Des Déguisements amoureux.)

Si gnia d'la plâc' dans vot' voiture,
Puis-j'ti' ben la r'tenir pour moi ?
Car mon pays est, sur ma foi,
Ben ennuyeux, j'vous en assure....   *bis.*
Ailleurs j'n'aurai pas tant d'chagrin....
L'voulais-vous ?

NICODÊME.

Mam'fell', je l'veux ben....
Mam'fell', je l'veux ben.

(*A part.*) Oh ! queu' plaisir ! all' m'aime déjà.... c'que c'est qu'd'êt' un étranger !

LOLOTTE.

Second couplet.

Faudrait avoir eun' place encore
Pour mon amant, que j'épous'rai....
C'couple n'peut pas êt' séparé,
I' m'aim' tout plein ; & moi j'l'adore.....   *bis.*
Eh ben ! Monsieu', vous n'dites rien !
Dit'-moi donc : « Mam'fell', je l'veux ben....
« Mam'fell', je l'veux ben. »

NICODÊME.

C'eſt que j'nai pas de place aſſez dans ma diligence pour des douzaines d'monde comm'çà.... Et pis, ſi vous aimais queuqu'zun qui vous aime, quoiqu'c'qui vous vous manque? C'pays-ci va t'êt' un bon pays, quand le Prince y aura fait tous les changements qu'il a dans la tête. ... Vous avais ben vu comme il avait l'air occupé d'vous trétous, quand i vous a quittés c'matin.

SCÈNE VI.

NICODÊME, LOLOTTE, Mère BAHU & Mère CASSECROUTE.

NICODÊME.

AH! mon Dieu! ſi c'telles-là v'nont auſſi m'propoſer l'les enl'ver!....

Mère BAHU & Mère CASSECROUTE.

(*L'une d'un côté de Nicodême, l'autre de l'autre.*)

N° 24. (En duo.) Air : *Boire à ſon tire-lire-lire.*

Si j'v'nons vous propoſer
D'hous emm'ner ſu' la terre....

NICODÊME.

Eh ben! ne l'avais-je-t'i' pas ben dit?

Mère BAHU & Mère CASSECROUTE.

C'qui nous fait tant ofer,
C'eſt pas l'deſir de plaire.....
Nous n'avons plus c't âge enchanteur
Où c'qu'on prend l'*tire-lire-lire*,
Où c'qu'on prend l'*toure-loure-lour*,
Où c'qu'on prend l'cœur.

Second couplet.

Après nos longs travaux,
Nous n'voulons du voyage
Qu'afin d'goûter du r'pos
Qui conviant à notre âge....
Car nous n'ſentons pus rian d'flatteur
Au fond d'not' *tire-lire-lire*,
Au fond d'not' *toure-loure-lour*,
Au fond d'not' cœur.

Mère BAHU.

Oh! vous imaginais ben qu'nous sommes sans prétention; mais nous avons eu tant d'mal dans noɩ pauvre vie, qu'avanɩ d'en sortir, s'il étaiɩ possible d'avoir un p'tit brin d'distraction!....

Mère CASSECROUTE.

Et pis, l'plaisir d'voir quequ'chose d'nouvieau avant que d'mourir! Oh! nous n'vous ennuɩerons pas dans la route.... nous s'rons gaies comm' pinçons.... Et du moment qu'nous s'rons rendueɩ là-bas, pour vous r'mercier d'nous avoir fait changer d'air, nous vous amuserons par de joyeux propos, par de p'tit' gentillesses; allais, laissais faire; vous rirais ben....

TOUTES DEUX ENSEMBLE, *sans accompagnement.*

N° 25. (*De l'Amoureux de quinze ans.*)

Quoiqu'on n'soit plus dans l'jeune âge,
Quequ' fois, quand l'accès vous prend ɩ
On s'sent encor du courage ...

(*Elles dansent toutes les deux*)

Trallala, la, la, la, la, la, la,
Trallala, la, la...
On s'sent encor du courage
Pour s'égayer en dansant.

TOUTES DEUX, *en caressant le menton de Nicodême.*

Vous nous enl'vrais?.... oui.... oui.... oui!.... n'est-ce pas? Allons.... allons. Qu'il est genti'!

NICODÊME.

Eh ben? eh ben?.... laissais donc; vous m'chatouillais.... allons donc....

SCÈNE VII.

NICODÉME, les deux VIEILLES, LOLOTTE, AGLAÉ, ZILIA, BIBI, *sortant chacune de leur coulisse.*

Les deux VIEILLES, *a part.*

Ah! bon Dieu! toute la Cour, qui nous a vues....

LOLOTTE, *à part.*

Toutes ces belles Princesses, all' m'auront entendue... eh ben ! gnia pas d'mal....

No 26. Air : *De Malboroug.*

ZILIA, *à part.*

Je meurs, s'il ne m'emmène ?

TOUT LE MONDE *à part.*

Que mon cœur (*bis.*) a de peine !

AGLAÉ, *à part.*

Je frémis , s'il m'emmène ?

Les deux VIEILLES & LOLOTTE, *à part.*

J'crains ben qu'i' n'nous laiss' là.... *bis.*

ZILIA, *à part.*

Ah ! je voudrais déjà
Voir ma main dans la sienne....

TOUT LE MONDE, *à part.*

Que mon cœur (*bis.*) a de peine !

TOUTES LES FEMMES, *à part.*

(*Nicodème , sur l'avant-
scène, est indécis.*)

Son ame est incertaine.....
Que pense-t-il donc là ?

Nº 27. Air: *De la Camargot ,* (Contre-danse,) ou, *Mon père est
Tout-à-coup très-haut & très-vivement.* (cocu,

ZILIA.

Vous m'emmènerez ?

AGLAÉ.

Vous me laisserez ?

LOLOTTE.

Vous nous emmènerez ?
Vous nous marierez ?

Les deux VIEILLES.

Vous nous enlev'rez ?
Vous nous emmèn'rez ?

ZILIA.

De ces lieux abhorrés
Vous me délivrerez ?

TOUTES ENSEMBLE.

Quel silence !
Il balance !

Il ne se détermine pas ! ....

NICODÊME.

Ah ! queux langues !
Leux harangues
Augment' encor' mon embarras !

TOUTES ENSEMBLE, *le caressant à l'envi.*

AGLAÉ.	ZILIA & BIBI.	LES 2 VIEILLES	LOLOTTE.
Il me laissera, *bis.*	Il m'emmène-ra, *bis.*	I' nous enle-v'ra, *bis.*	I' nous emmè-n'ra, *bis.*
Il me délivrera		Not'cœur nous dit déjà	Dans c' nou-viau pays !
De ce tourment là.	*Idem.*	Qu'nous s'rons ben par-là.	Queu plaisir ça f'ra
Il me laissera, &c.	Il'm'emmène-ra, &c.	I' nous enle-v'ra, &c.	I' nous emmè-n'ra, &c.

SCÈNE VIII.

LES ACTEURS PRÉCÉDENTS, LE PIQUEUR.

LE PIQUEUR.

SA Majesté m'envoie vous dire qu'elle est bien fâchée de vous avoir fait attendre.

NICODÊME.

Ah ! Monsieu ! c'est un effet d'sa part : alle est ben polie, c'te Majesté-là ....

LE PIQUEUR.

Elle va revenir dans l'instant.

NICODÊME, *le saluant.*

Ah ! Monsieu ! je n'dis pas non.

LES FEMMES, *chacune pour son compte.*

Ne restons pas là ! ... Adieu ; & ne nous faites pas faux-bond, au moins.

(*Elles s'en vont avec le Piqueur.*)

SCÈNE IX.

NICODÊME, *seul.*

J'AI eu tout l'temps de m'divartir aveuc toutes ces femmes.... Je crois que l'mieux, çà s'rait d'partir tout seul pour n'pas faire d'jalousie.

N° 28. Air : Un mouvement de curiosité.

Oh ! j'vois que l'sesque, il est partout de m'même,
Toujours curieux d'voir de la nouvieauté ;
Pour ces femm' là c'est un plaisir extrême
D'aller r'luquer un aut' globe habité. ....
Gnia pas là–d'dans d'amour pour Nicodême ;
Mais j'dis qu'i' gnia d'la curiosité.

SCÈNE X.

L'EMPEREUR, NICODÊME, Huit GARDES,

L'EMPEREUR, *sombre & rêveur.*

TOUT ce que vous m'avez appris, fait naître chez moi mille réflexions.

NICODÊME.

J'vous ons dit la vérité ; excusais, dà, si je n'savons pas m'exprimer mieux qu'çà.

L'EMPEREUR.

La vérité, mon ami ! c'est le plus beau présent que l'on puisse faire aux Princes. On leur prodigue les cadeaux ; on n'est avare que de celui-là.... J'aime votre franchise ; cette bonhommie est l'apanage de la vertu. .... J'ai conçu un projet qu'il faut exécuter sur-le-champ.... Vous m'avez dit que chez vous le Souverain avait entraîné, par son exemple, tous ses sujets dans le bon parti. .... cela ne m'étonne pas.... l'exemple peut tout.... D'après cela, je veux exciter moi-même une révolution, sans attendre que d'autres aient l'honneur de la commencer.... Pendant que l'orage gronde, il faut le détourner!.... 'il éclatait, nou' aurions beaucoup plus de peine....

NICODÈME, le fixant.

Vous m' raviffais.... Attendais, que j'vous regarde... j'voulons graver dans mes yeux l'image d'un Prince fi jufte, fi fage & fi bon.... çà s'ra eune fière belle chofe à voir que çà.... Mais, fi vous voulais faire eune bonne œuvre, ce s'ra d'pardonner à tout c'monde d'courtifans, qu'ont abufé de vot' confiance & d'leux pouvoir....

L'EMPEREUR.

Leur pardonner! ah! j'aurais beau faire; ils feront toujours affez punis par l'égalité que je prétends réta-blir; leur orgueil offenfé s'en irritera; & cette pu-nition-là vaut toutes les autres.

NICODÈME.

C'eft parler, çà....

L'EMPEREUR.

Je vais donner en fecret mes ordres pour que tout le monde foit averti fur-le-champ, excepté les Minif-tres & les Seigneurs de ma Cour.... Je veux les fur-prendre, & les entraîner, malgré eux, dans le parti du peuple; ils fe promènent ordinairement dans les jardins de ce Palais; fi vous les y trouvez, amufez-les jufqu'au moment décifif.

NICODÈME, l'arrêtant.

J'voudrais, en attendant, donner queuqu'p'tite pa-role, en magnière d'réponfe, à c'telle-là de vos fem-mes qu'eft la première.... Morgué! fi j'étais capable d'être aimé d'eune femme comme c'telle-là vous aime, j'naurais qu'elle; & j'lis rendrais amour pour amour.

L'EMPEREUR, avec tendreffe.

C'eft bien auffi mon intention; la crainte feule d'affliger les deux autres m'a retenu jufqu'ici....

NICODÈME.

N'eft-c' que çà? oh ben, en c'cas-là, gnia pas d'crainte à avoir.... alles ne demandent pas mieux que d'venir aveuc moi....

L'EMPEREUR.

L'EMPEREUR,

Vrai ?.... tant mieux ; j'y confens.... Allez les en prévenir : leur appartement eft près d'ici ; .... je fonge, moi, au plus effentiel. ... Ah ! mon ami, fi vous étiez à ma place, vous fentiriez bien que l'amour , malgré tous fes charmes, ne faurait balancer dans le cœur d'un Roi les intérêts d'un peuple....

SCÈNE XI.

NICODÊME, *feul.*

TANT pus je l'vois ; tant pus j'l'admire !.... queu' dommage, pourtant, fi çà vous avait toujours été niché dans l'fond d'un Palais ! Oh ! i n'eft qu'de s'rappro-cher des hommes pour êt' bon Prince.

No 29. Air nouveau : (*du coufin Jacques.*)

Qu'un bon Roi foit la victime
D'ceux qui l'pouffiont dans l'abyme :
C'eft là l'fort de tout mortel ;
 C'eft ben naturel./.... *bis.*
Mais qu'd'honnêt'gens, qu'il écoute,
Le r'mettiont dans la bonn' route ,
Chacun en rend grac' au Ciel !...
C'eft ben naturel, fans doute ;
 C'eft ben naturel,.... *bis.*

Second couplet.

Qu'en perdant leux priviléges,
Les Grands faffiont leux manéges,
Et qu'i' gardiont un peu d'fiel ,
 C'eft ben naturel.... *bis.*

Mais auffi ,

Qu'dans un Empire en déroute,
L'peupl' à la longue s'dégoûte
D'un efclavage éternel....
Oh !... C'eft ben naturel, fans doute ;
 C'eft ben naturel.... *bis.*

L'orcheftre joue ÇA IRA , *fur le même ton de l'air précédent.*

Fin du fecond Acte.

H

ACTE III.

Le Théatre repréſente les jardins du Palais, ornés de ſtatues; dans le fond eſt la perſpective du Palais.

SCÈNE PREMIÈRE.

LE CURÉ & le PRÉLAT, enſuite NICODÊME
entrant d'un autre côté.

LE CURÉ.

EH! non, Monſeigneur; eh! non; j'ai été témoin d'une partie de ſa converſation, vous dis-je, depuis qu'il eſt dans ce Palais; & j'ai fort bien entendu que dans ſa Patrie le Clergé a renoncé volontairement à toutes ces prérogatives onéreuſes qui fatiguent les peuples en les ſcandaliſant....

NICODÊME, *arrivant doucement derrière eux*
J'leux ai dit çà exprès....

LE PRÉLAT.

De la morale; à moi encore! un ſimple Curé faire de la morale!

N° 30. Air : *Je brûle de voir ce Château.* (dans Raoul de Créqui.)

 Ma foi, c'eſt agir ſans façon;
  Cette audace m'étonne.
 Un Prêtre fera la leçon
  A celui qui l'ordonne.
 Rien aujourd'hui n'eſt reſpecté! *bis.*

LE CURÉ, *ironiquement.*

 Quand on vous dit la vérité,
  C'eſt une offenſe,   } *bis.*
  Une inſolence,   }
 Il faut admirer en ſilence! *bis.*

En duo.

LE PRÉLAT.	LE CURÉ.
Ah ! quelle offenſe !...	C'eſt une offenſe !
Quelle inſolence !....	
Quelle offenſe & quelle inſo-	Une inſolence ! ... } *bis.*
lence !....	
Il faut donc garder le ſilence ?	Il faut admirer en ſilence ! *bis.*

Second couplet.

LE PRÉLAT.

Si tous les rangs ſont confondus,
Quel chaos dans le monde !

LE CURÉ, *fièrement.*

Le rang que donnent les vertus
N'a rien qui ſe confonde !

LE PRÉLAT.

Chacun veut élever la voix. *bis.*

LE CURÉ, *à demi-voix.*

Dès qu'on veut toucher à vos droits,
Vous criez vîte à l'anathême..... *bis.*
Et c'eſt là tout votre ſyſtême. *bis.*

En duo.

LE PRÉLAT.	LE CURÉ.
Audace extrême ! *bis.*	Vous criez vîte à l'anathême !
Tenir ce langage à moi-même !	*bis.*
bis.	Et c'eſt là tout votre ſyſtême.

SCÈNE II.

LES ACTEURS PRÉCÉDENTS, LE MINISTRE, USTUCE.

LE MINISTRE, *à Uſtuce.*

Il eſt bien temps de me demander ma protection...
il fallait vous y prendre avant que cet homme arrivât...
J'aurais empêché qu'il ne vînt juſqu'à nous ; ou bien je
me ferais emparé ſur-le-champ & du voyageur & de la
voiture. ...

USTUCE.

Mais, Monseigneur ! ma lorgnette ne me donne pas
la faculté de prévoir l'avenir.... J'ai vu de loin un
homme en l'air ; & j'ai dit : *voilà un homme en l'air !*

LE MINISTRE.

Le bel Astronome, qui voit les choses, quand il en
est tout près !....

USTUCE.

Comment donc ? je l'ai apperçu de très-loin ; je n'ai
pas pu savoir ce que c'était ; & j'ai dit : *je ne sais pas
ce que c'est.*

LE MINISTRE.

Mais le voilà.... Je vais lui parler, à ce prétendu
Philosophe ; nous verrons s'il me tiendra tête.... (*à
Nicodême.*) C'est donc vous, mon ami, qui....

NICODÊME, *sèchement.*

Oh ! je n'fis l'ami qu'des hommes justes, & qui
consacrent tous leux moments à faire du bien à leux
semblables....

LE PRÉLAT.

Voyez-vous ce ton ? Je gage que cet homme per-
vertirait tous les habitants de cet empire, s'il y restoit
encore quelque temps !....

NICODÊME.

Gnia qu'les mauvaises mœurs qui parvertissent les
Etats ; la justice & l'courage n'y font jamais qu'du
bien.... par ainsi, voyais qui d'nous deux est le par-
vertisseux.

LE CURÉ, *bas à Nicodême.*

Ah ! c'est trop fort ; un peu plus d'égards....

NICODÊME.

Laissez donc ; est-c' que j'fis d'son diocèse, moi ?

LE CURÉ.

Respectez au moins l'habit....

NICODÊME.

Quand i' gnia qu'çà d'respectable, c'respect-là n'est
pas grand'chose....

LE MINISTRE.

Savez-vous, Monsieur, qu'il faut suivre l'usage des pays où l'on se trouve?

NICODÈME, *rapidement.*

Oh! l'usage était aussi dans mon pays, de s'mett' à g'noux d'vant des habits; mais du d'puis que l'peuple a voulu faire usage du sens commun que l'bon Dieu li a donné comme à vous autres, i' ne s'met pus à genoux que d'vant son Créateur; & i n'estime les gens, qu'autant qu'i' sont dans leux état.... Par exemp'e: moi, je n'sis qu'un pauvre campagnard; eh ben! je n' me fais pas valoir pus qu'je n'sis.... J'travaille, parc' qu'on n'est pas venu au monde pour ne rian faire; & si l'bon Dieu m'avait fait pour êt' Ministre, ou Archevêque, je r'garderais çà comme eune charge d'plus; (*au Prélat.*) J'port'rais l'habit d'ordonnance; & je n' m'amuserais pas à courir les lièvres, ou a quêter des pensions à la Cour, pour n'avoir rian fait.... On n'a jamais d'temps d'reste, quand on veut faire son devoir....

LE MINISTRE, *au Prélat.*

Il n'y a pas moyen de lui faire entendre raison : cet homme vient du pays des ours....

NICODÈME, *s'échauffant.*

Ah! ces ours-là sont queuqu'fois des lions, quand i' s'agit du salut d'la patrie.... ah ben! ha! ha!....

LE PRÉLAT, *ricannant.*

Il ne pardonne rien à la pauvre humanité!...

NICODÈME, *au Prélat.*

J'li pardonne tout, excepté la dureté pour les pauvres.... Mais, vous m'croyais pus maichant qu'je n'sis.... T'nais, v'là l'Empereur qui r'vient.... j'veux vous prouver d'vant li qu'je n'veux pas la mort du pécheur.... & çà s'ra pour lors que vous conviendrez que ma nation est eune nation de brav' gens, qui voudrait n'avoir jamais qu'des éloges à donner, & des vartus à récompenser....

SCÈNE III.

LES ACTEURS PRÉCÉDENTS, L'EMPEREUR.

L'EMPEREUR.

AH! vous voilà, Messieurs! convenez que cet Etranger, dans sa manière, est un vrai Philosophe. A propos, M. le Curé, j'ai pensé à une chose. Y a-t-il long-temps que vous exercez vos fonctions?

LE CURÉ.

Quarante ans, Seigneur....

L'EMPEREUR, *au Prélat.*

Et vous, Monsieur, quel âge avez-vous?

LE PRÉLAT, *d'un ton fat.*

Bientôt trente ans....

L'EMPEREUR.

Qui vous a donc fait ce que vous êtes?

LE MINISTRE.

Vous même, Seigneur....

L'EMPEREUR, *riant.*

Oui, moi-même; à mon insu, n'est-ce pas? c'est-à-dire, vous, en mon nom....

LE MINISTRE, *se troublant.*

Mais, Seigneur; Monsieur est d'une naissance....

L'EMPEREUR.

Vous voulez rire, sans doute? cela donne-t-il les lumières & l'expérience? Tenez, Prélat; avouez de bonne foi que vous seriez fort embarrassé, s'il fallait remplir les devoirs d'un vrai Pasteur?.... Vous vous taisez?.... je devine que j'ai raison.... Il serait pourtant juste de passer par les grades subalternes avant d'arriver aux supérieurs.... & l'enfant ne doit pas gouverner son père. Si ce digne Curé, qui a les cheveux tous blancs, prenait votre place.... & vous la sienne!.... hem? qu'en dites-vous?

(63)

Le Curé.

Ah! Seigneur! ne m'accablez pas d'un fardeau,
dont je fens d'avance toute la pefanteur....

L'Empereur, *plaifamment.*

Bon! demandez pourtant au Prélat, s'il ne le trouve
pas bien doux, lui.

* * *

SCÈNE IV.

LES ACTEURS PRÉCÉDENTS,
les trois FEMMES du Prince, *entrant par la
droite,* FREROT, LOLOTTE, & les deux
VIEILLES, *entrant par le fond.*

Les deux VIEILLES.

ALLONS, mes enfants, portez la parole.

Mère CASSECROUTE.

C'eft vous qui vous êtes chargés, au nom d'tout
l'village de parler à l'Empereur.

Mère BAHU.

Allons, vîte; gnia pas d'temps à perdre....

LOLOTTE.

N° 31. Air du fameux trio de *Raoul de Créqui.*

(Partie de femme.) *Lifette un jour allait aux champs,*

Nous v'nons d'apprendre, hélas! Seigneur,
Qu'près du Palais gnia déjà d'la rumeur.
Nous vous offrons tout not' courage,
C'eft au nom de tout le village ;
Not' père! (*bis.*) s'il faut (*bis.*) pour vous,
Varfer tout not' fang, s'ra bian doux !

FREROT, *répète avec Lolotte.*

S'il faut, &c.

Le Curé, *à part au Public, montrant le Prince.*

(Partie différente de baffe-taille.)

Qu'a-t-il à craindre déformais,
Et des méchants & de leurs traits?
Si l'amour des fiens l'environne,
Le danger n'a rien qui l'étonne.

Il n'aura plus aucun chagrin,
En rendant heureux leur destin ;
Non : il n'aura plus de chagrin,   *bis.*
En rendant heureux leur destin.   *3 fois.*

FREROT, *à l'Empereur.*

(Partie de haute-contre.)

Rendez a x simples villageois,
Rendez votre amour & leurs droits.
Aussi fidèles que les Grands,
Comme eux, (*is.*) nous sommes vos enfants.   *bis.*

Les deux VIEILLES, *avec Frerot.*

Comme eux, (*bis.*) nous sommes vos enfants.   *bis.*

LE MINISTRE, *au Prélat.*

Ce tableau me pénétre malgré moi....

Trio.

LOLOTTE.	L'EMPEREUR.	FREROT.
Nous v'non d'ap-prendre, hélas ! Seigneur ! &c.	Qu'aurai-je à craindre déformais ? &c.	Rendez aux simples Villageois , &c.

SCÈNE V.

LE PIQUEUR, *avec effroi.*

Aʜ ! Seigneur les habitants de cette ville sont assemblés aux portes du Palais..... vos gardes craignent une sédition.... Quelques personnes ont fait courir le bruit que c'est par votre ordre.... J'accours en frémissant prévenir Votre Majesté, pour qu'elle veille, avant, tout à sa sûreté.

NICODÊME, *à part.*

Allons ; v'là l'chic, & l'noyau d'l'affaire.

LE MINISTRE, *vivement.*

Par son ordre ? cela ne se peut pas...

LE PRÉLAT, *au Ministre.*

Ceci devient sérieux ; sauvons-nous, mon ami...1 (*au Curé.*) Respectable vieillard, ne me quittez pas, je vous en conjure.... fuyons ensemble !

Lᴇ

(65)

LE CURÉ, *noblement.*

Fuir? eh! pourquoi, s'il vous plaît? Ma confcience
eft pure; je refte....

LE MINISTRE, *à part.*

Quel parti va prendre le Prince?

LE PIQUEUR.

Mais, Seigneur?.... le danger eft preffant....
Votre indécifion l'augmente; & bientôt il ne fera plus
temps!....

L'EMPEREUR, *avec un air ferein.*

Dites à tout le monde que je vais me rendre au
milieu d'eux... Mais... non.... qu'ils viennent
avec confiance épancher dans mon cœur, leurs befoins
& leurs peines.... Qu'on ouvre toutes les iffues de ce
jardin.... Ce Palais eft la maifon du père de famille;
tous les enfants doivent y être bien reçus.

LE MINISTRE, *bas à l'Empereur.*

Mais, Seigneur, vous n'y penfez pas?....

L'EMPEREUR, *s'éloignant de lui.*

Pourquoi donc, Monfieur?

LE MINISTRE, *bas.*

Quoi? le peuple!

L'EMPEREUR, *haut.*

Le peuple eft ma force, Monfieur; ce font mes fujets tout comme vous: pourquoi ne les verrais-je pas
auprès de moi?.... vous y êtes bien..... vous?....

LE MINISTRE.

Mais, s'ils ofoient s'écarter des bornes du refpect!...

L'EMPEREUR, *avec attendriffement.*

Ils n'ôteront au refpect, que pour donner à la
tendreffe....

NICODÊME, *à part.*

Du d'puis t'un quart-d'heure, j'fis tout interloqué
de c'que j'vois & de c'que j'entends.

L'EMPEREUR, *à fes femmes.*

Allons, Mefdames; un peu de courage: il faut être

témoin de cette scène. Ces fortes de crifes élèvent l'ame ; & les perfonnes de votre rang ont befoin de connaître le peuple pour apprendre à l'aimer.

L E P R É L A T, à l'oreille des autres.

Mes amis, c'eſt une belle chofe que la fermeté ; mais le parti le plus sûr, ce me femble, eſt de nous éloigner...

L'E M P E R E U R, les arrêtant par le bras.

Reſtez, Meſſieurs, s'il vous plaît ; c'eſt vous fur-tout dont la préfence eſt néceſſaire. ... Vous héfitez ? Avec ironie. Quand on a comme vous de la nobleſſe & du courage.... la fuite ferait une lâcheté....

N I C O D È M E, à part.

Morgué ! c'eſt un homm' que c't'homm' là....

A G L A É, à Nicodème.

Je compte fur votre zèle : on vous refpecte ici ; tenez-vous auprès de l'Empereur, fi malheureufement !....

N I C O D È M E, à voix baſſe.

Laiſſez donc ; vous aurez p'u d'peur que d'mal, allais : j'en réponds, moi.

<h1 style="text-align:center">S C È N E V I.</h1>

(Grand tapage dans les couliſſes ; le peuple entre pré-cipitamment de tous les côtés ; les gardes forment une voûte avec leurs fabres , fur la tête du Prince.

No 18. Air nouveau, du Coufin Jacques.

L E P E U P L E.

Eſpérons qu'un temps profpère
Va venir fécher nos pleurs ;
Le Prince eſt notre père,
Il fait tous nos malheurs.....

L'E M P E R E U R, aux gardes, avec douceur.

Laiſſez-moi ; allez vous ranger parmi vos frères : ne fuis-je pas aſſez gardé par tous mes enfants ? Mon cœur me répond du leur.

N I C O D Ê M E, *à part.*

Voyons t'un peu quoi c'qu'i' va dire à tout ce
monde-là ?

L'E M P E R E U R, *avec feu.*

« Mes amis, mes enfants : témoin de vos alarmes,
Puis-je voir d'un œil fec vos yeux remplis de larmes ?
Vous croyant tous, hélas ! heureux , ainfi que moi,
Je m'endormais tranquille à côté de la loi.
De ma crédulité vous fûtes la victime.
Souvent , vous le favez, un Roi fenfible & bon ,
Quand l'abus du pouvoir fait le mal en fon nom ,
Peut être criminel fans commettre de crime !
    Au flambeau de la vérité,
Travaillons tous enfemble à notre liberté ;
Vous êtes las, enfin, de la captivité,
Et moi, de mon côté, je fuis las d'être efclave.
    Nous partagions la même entrave ;
Car, qu'étais-je autrefois ? un Monarque au berceau,
    Un vain fimulacre, une idole ;
    Et cependant votre fléau ! ...
Plaignez, plaignez les Rois ! leur éclat eft frivole ;
Leur malheur eft réel : les Rois, à foixante ans,
Affaillis de flatteurs, bercés par de vains fonges,
    Ne font encor que des enfants
    Qu'on amufe par des menfonges.
Je fuis dans l'âge encore, où le cœur vivement
Éprouve des regrets le jufte fentiment.
O Ciel ! fi leur bonheur, fi le mien t'intéreffe ,
Pour réparer mes torts, prolonge ma vieilleffe !
(*Aux Grands.*)
Pardon, Meffieurs, pardon ; mais la nature en pleurs,
Offre à mes yeux furpris, mon Peuple & fes malheurs.
Qu'a-t-il donc fait, ce Peuple ? On l'écrafe, on l'opprime ;
D'ofer enfin fe plaindre, on veut lui faire un crime !
Le dirai-je ? Ah ! Meffieurs, fon crime eft d'avoir faim ,
Et de venir à moi redemander fon pain ;
Son crime eft de vouloir pénétrer jufqu'au trône,
D'écarter loin de moi l'erreur qui m'environne ;.
Son crime eft de m'aimer , & de fe croire heureux ,
S'il tire le rideau qui me cache à fes yeux. ...
Meffieurs, voilà fon crime. Il me preffe, il m'appelle ;
Il follicite en pleurs ma bonté paternelle ;

Il ne veut plus, enfin, femer fans recueillir ;
Et, las de végéter, il veut vivre ou mourir. »

N I C O D Ê M E, *pleurant.*

V'là t'un difcours que j'voulons avoir imprimé en
l.... moulée, pour le r'porter par là-bas, & l'faire
voir à mon Diftrict.

L'E M P E R E U R, *aux Seigneurs.*

Allons, Meffieurs, du caractère ; nous perdons un
éclat menfonger, & nous gagnons des cœurs. Félicitons-
nous de cet échange : notre bonheur eft plus affuré,
& notre puiffance même, plus refpectée.

N I C O D Ê M E, *à part, & foupirant.*

Jufqu'à préfent, Dieu merci, y gnia perfonne encore
d'bleffé.

L E M I N I S T R E.

Ah ! Seigneur ! comment réfifter au pouvoir d'un fi
bel exemple ? comment ne pas céder au cri de la juftice
& de l'humanité ?.... — Meffieurs, mes bons amis,
fi j'ai perdu de vue votre bonheur & vos droits, croyez
que j'en fuis trop puni par la feule idée des peines que
j'ai pu vous caufer.

N I C O D Ê M E.

Eh ben ! n'eft-c'ti pas là c'qui s'appelle un brav'
homme ? Quand on r'connaît fon tort, c'eft qu'on
c'mence à avoir raifon.... J' vous dis, moi, qu'tous
ces Grands-là n'font pas fi Diab'es qui font noirs....
Et pis, noirs & b'ancs, tout çà finira par êt' d'accord.... Allons, M. l'Archevêque d'la Leune, faites
comme les autres ; imitez c'brave Empereur.... l'bon
Dieu, dont vous êtes le Miniftre, i' n'aime pas qu'on
ait d'la rancune !

L E P R É L A T, *confus.*

Meffieurs, la nature & la raifon ne perdent jamais
leurs droits : mon filence & mon trouble vous convain-
cront bien mieux de la fincérité de mes fentiments,
que tout ce que je pourrais vous dire.

L'E M P E R E U R.

Cet Etranger que vous voyez, & dont fans doute

vous favez déjà la furprenante arrivée en ce pays , m'a éclairé de fes fages confeils.... Il vous dira que fur la Terre, dans un des plus beaux Royaumes de cette Pla-nète, on nous a devancés; mais nous aurons du moins l'avantage d'être les premiers de ce globe....

NICODÊME.

Nᵒ 36. Air : *Cœurs fenfibles , cœurs fidèles.*

Oui, Meffieurs, tout l'monde en France
A tout d'fuite été d'accord ;
Clergé, Nobleffe & Finance ,
On cédé leux droits..... d'abord.....
Tout chacun , fans réfiftance,
D'y r'noncer a pris grand foin....
(*A part, vers le Public.*)
A beau mentir qui viant d'loin. *bis.*

Second couplet.

Tout l'mond' a penfé de d'même ;
Gnia pas eu deux fentiments :
On n'a rien fongé d'extrême,
Ni difput', ni différends....
C'eft tout fimple; quand on s'aime,
D'difputer gnia pas d'befoin....
(*A part, vers le Peuple*)
A beau mentir qui viant de loin. *bis.*

L'EMPEREUR, *à Nicodême.*

Allons, venez avec nous; vous avez befoin de repos....

LOLOTTE.

Monfieu' Nicodême, j'voulais partir; mais j'vous avertis que j'refte....

AGLAÉ, *prenant la main de l'Empereur.*

Et moi auffi....

Les deux VIEILLES.

Et nous de d'même....

Mèr' PAHU.

Voilà l'bón temps qui r'vi ... t par ici; je ne veux pas m'en aller.... j'fommes sûres à préfent d'n'êt' pus malheureufes dans not' pays.... on n'fait pas c'qui peut arriver par là-bas; j'n'ous pas envie d'y aller voir....

N I C O D È M E.

Gnia pas d'mal, gnia pas d'mal ; je n'manquons pas
d' vieilles femmes dans mon pays.... mais gni en a
encore pus d'jeunes.

Z I L I A, *bas à Nicodême.*

Songez à tenir votre parole....

B I B I, *bas à Nicodême.*

N'oubliez pas ce que vous m'avez promis....

N I C O D È M E.

Quoi ! toutes les deux ? allons, abondance de bien
ne nous nuit pas.... d'main, d'main.... à la pointe du
jour.... i' faudra qu'vot' paquet soit fait c'foir.

Mais.... quoi ! est-c' qu'on s'en va comm' çà ? faut
s'divartir un p'tit brin. Oh ! j'vois ben qu'vous n'con-
naiffais pas la gaieté d'mon pays.... faut que j'vous
chante eune ronde, pour vous faire danfer, en figni-
fiance d'pacification.... p'ifque vous v'là trétous d'accord.... Hein ? Votre Majefté, voulais-vous t'i' ben
me le parmettre ?

L'E M P E R E U R, *gaiement.*

Volontiers, j'aime la gaieté ; c'eft l'apanage des
ames franches : donnez - nous un échantillon de la
bonne humeur des Français.

N I C O D È M E.

Allais, c'eft un fier peup'e que c'ti-là, pour chanter
& rire ;.... ha, ha, ha,.... pardi, n'faut pas l'en prier...
C'eft d'lamour, dà, que j'vais vous chanter.... car
gnia pas d'nation comme la mienne pour l'amour....
gni en a toujours un p'tit brin dans tout c'qui s'fait
cheux nous.... (*Il touffe.*) Voyons fi je fuis d'accord...
faut danfer, dà.... car nos Français font fi gais, qu'i'
finiffent toujours par danfer.... Vous ne croiriais pas
qu'i ont fait leu' révolution en danfant.... ils ont
danfé fur c'te Baftille détruite.... *Au Prince.* Vous
favais ben c'que j'vous ai conté dans l'tuyau de l'oreille...
& quand on a fait la cérémonie du farment civique,
ah ! que de rigodons ! fallait voir çà.... ha, ha......
Allons, tâchons de commencer pour en finir.

N° 21. Air nouveau, *du coufin Jacques.*

L'autre jour la p'tite Ifabelle
D'grand matin courait feule au bois ;
Un gros loup s'en viant autour d'elle....
V'là qu'la peur la met aux abois.
A mon s'cours, v'nez-vous-en ben vîte,
A mon s'cours, dit-elle en tremblant,
   Ah ! pauvre p'tite,   *bis.*
   Qu'eu' tourment !
L'gros Lucas eft là qui la guette,

Il court ben vîte, & pis l'i dit :

     D'un ton coléreux :
V'là c'que c'eft que d'aller feulette :)
Non, Mam'felle, il faut aller deux.) *bis.*
    (*On répète en danfant.*)

    Second couplet.

L'loup s'enfuit ; la p'tite Ifabelle
N'a pus peur comme auparavant ;
L'gros Lucas, reftant auprès d'elle,
Sait ben profiter du moment ......
« Ah ! Monfieu' ! quoi c'qui vous agite ?
« Ah ! Monfieu' ! qu'eft-c' qu'aurait dit çà ? »
   La pauvre p'tite,   *bis.*
   Succomba.....
Sa maman furprit la pauvrette.....

All' s'avance en colère ; & moi, j'fais ben....

    Qu'eft-c' qui fut honteux.....
Si l'on rifque d'aller feulette,   )
On rifque encor pus d'aller deux.) *bis.*

    Troifième couplet.

Une aut' fois, la p'tite Ifabelle
Rencontrit encor' fon amant .....
All' s'enfuit ; il court après elle :
All' craignait par trop fa maman.....
« Ah ! Monfieu' ! fauvez-vous ben vîte ;
« Monfieu' ! fi maman voyait çà !. ...
   Non, non, ma p'tite,   *bis.*
   J'reft'rai là.....
L'amour paraît fous la coudrette.....

All' fut faifie d'eune peur tarrib' ; mais l'amour l'i
dit ben poliment : « Mam'felle, qu'i' l'i dit : raffurais-
vous, qu'i' dit comme çà ; gnia pas d' danger ; & pis
d'ailleurs, j'dis.....

    Quand on va t'aux bois.....
Pour n'aller ni deux, ni feulette,)
L'amour vient ; çà fait qu'on eft trois.) *bis.*

VAUDEVILLE.

Air : *Des fraisses.*

NICODÊME, *au public.*

Tous ceux qui n' s'ront pas contents
En France d'leux f rtune ;
Afin d'mieux passer leur temps,
Pourront v'nir avec moi dans
   La Lune.   3 *fois.*

LOLOTTE, *à Nicodéme.*

Oh ! si vous am'nez céans
Tous ceux qu'ont d'la rancune.....

Oh ! j'crois ben qu'd'après c'te révolution d'la France,

  Pour loger les mécontents,
  Gni aura pas d'place assez dans
   La Lune.   3 *fois.*

L'EMPEREUR.

Français, pour voir un bon Roi,
Don l'ame est peu commune ,
Il n'est pas besoin, je croi,
D'aller chercher, selon moi,
   La Lune.   3 *fois.*

LE CURÉ.

Nos Abbés sont à *quia ;*
Plus d'espoir de fortune ....
Pour s'en consoler , déjà
Plusieurs ont fait des trous à
   La Lune.   3 *fois.*

Mère BAHU.

L'Auteur craindrait des méchants
La critique importune ;
Ces Messieurs sont si mordants
Qu'ils prendraient , avec les dents,
   La Lune.   3 *fois.*

Signé : *Louis - Abel Beffroy de Reigny ,* dit *le Cousin-Jacques.*

Quelques

Quelques réflexions de l'Auteur.

LA voilà, cette pièce, qui, selon les uns, n'est qu'une farce pitoyable, selon les autres, un mélange de sentiment & de gaieté, &, selon tout le monde, une production très-originale, soit en mal, soit en bien. Au reste, qu'elle soit tout ce qu'on voudra, le succès dont elle jouit encore à la soixante-douzième représentation, où la foule & l'enthousiasme ne diminuent pas, me dispense d'en faire l'apologie.

L'homme de lettres, qui consacre, depuis dix ans, ses veilles à l'amusement, peut-être même à l'utilité du public, doit s'attendre, pour peu qu'il ait observé les hommes, à trouver parmi ses juges, des détracteurs qui, sans jamais motiver leurs décisions, prononcent, tranchent, condamnent *ab hoc & ab hâc*, & ne lui savent aucun gré, ni de ses peines, ni de son zèle, ni de ses talents; cela est dans l'ordre. S'appréciant lui-même avec une sévérité raisonnée, il rit souvent dans le silence du cabinet, des inconséquences de ses lecteurs, ou de la légèreté des spectateurs; il sait mieux que personne, ce qu'il faut penser de ses ouvrages, & réduit quelquefois ses succès & ses chûtes à leur juste valeur : cela est aussi dans l'ordre.

Qu'il réussisse, les auteurs disent qu'il a pillé son sujet; que, sans l'acteur, la pièce n'auroit pas réussi; qu'il n'y a rien là de si merveilleux; que c'est affaire de mode & d'engouement; &, fût-il aussi couru à la centième représentation, qu'à la dixième, on dit encore que c'est un succès momentané; on le désigne sous les traits les plus ridiculeusement invraisemblables : & quand il a grand soin de se taire constâmment sur sa réussite, on le fait parler à son insu; on le soupçonne d'être *enivré de ses succès*, lors même qu'il n'y songe pas; & certains journalistes, forcés de ne pas contrecarrer la voix publique, se déterminent lentement à publier un mot d'éloge, qui coûte autant à leur cœur qu'à leur plume. Les acteurs, de leur côté, prétendent que c'est la pièce qui a fait le succès de leur rival, & qu'avec un si beau rôle, tout autre eût brillé du même éclat. Qu'il essuie par hazard un échec ; aussi-tôt vous voyez tous les libellistes à gage vomir sur ses lauriers passés, la bile infecte qui les dévore, & chercher vainement à les salir du venin de la calomnie la plus dégoûtante ; vous voyez cent écrivassiers de la même force, former contre ses écrits passés, présents & futurs, une petite ligue, exercer contre sa personne, son caractère & ses mœurs, toute la rage des petits esprits aux abois ; & quand il peut se flatter d'être irréprochable ; quand il n'a jamais fait ni voulu du mal à personne, il faut toujours qu'il soit puni d'avoir réussi : car réussir est un crime impardonnable aux yeux de la médiocrité.

Quelques personnes ont osé comparer *Nicodême* à *Jeannot* : j'en appelle aux bons esprits, aux personnes sensibles & délicates, aux gens de goût enfin, de ce parallèle vraiment comique. Voilà mon ouvrage ; on peut le juger à loisir.

On a dit, on a imprimé que j'étais *un auteur famélique*, *un faiseur de rapsodies*, *soudoyé par le parti payant*, &c., Or, cet *auteur famélique* a refusé vingt fois des sommes considérables pour des ouvrages faits, mais dont il révoquait en doute le succès ; cet *auteur famélique*, content d'une honnête aisance, aurait gagné 50 mille francs depuis six mois, s'il avait voulu prêter sa plume aux passions désordonnées ; cet *auteur famélique*, enfin, refuse tous les jours des offres considérables, quand le travail qu'on lui propose répugne à sa délicatesse ou à son genre d'esprit. Cet homme, *soudoyé par le parti payant*, ne connaît aucun parti que celui des honnêtes-gens, n'est d'aucun club, ne voit qu'une société très-bornée, & passe quelquefois des semaines entières, concentré dans sa famille, sans recevoir ni faire aucune visite ; enfin, cet *homme soudoyé*, peut prouver 7 à 800 francs de secours, répandus par lui, depuis trois mois seulement, sur la classe des littérateurs infortunés, qui, sans le connaître, ont eu recours à sa sensibilité, & l'ont ensuite payé de ses services, par des calomnies atroces & des cabales préméditées : car, voilà ce qu'il faut dire enfin, quand l'aveu de notre honnêteté échappe à une juste indignation trop long-temps concentrée. Tout homme public doit surveiller lui-même sa réputation ; &, lorsqu'il peut devenir dangereux à la longue de passer toujours pour ce qu'il n'est pas, il lui est bien permis, j'imagine, de perdre patience, d'avoir les envieux en horreur, de se défier du baiser des tygres, & de se faire connaître, dans l'occasion, pour ce qu'il est.

On a dit que la pièce de *Nicodême* m'avait été payée *trente louis* d'achat, & *cinquante louis* de gratification ; on a dit que j'étais la seule cause de la désertion de *M. Juliet* ; que j'avais moi seul fait engager cet acteur au *Théatre de Monsieur* ; qu'on ne l'y avait pris qu'à cause du *Retour de Nicodême* ; que cette pièce m'avait été payée par le *Théatre Lyrique* ; qu'on l'avait lue chez un des Administrateurs, &c.... Que n'a-t-on pas dit, & que ne dira-t-on pas ?

Or, voici le fait ; c'est qu'il n'y a pas un mot de vrai dant tout cela, comme dans tout ce qu'on a dit & écrit de moi depuis dix ans.

Nicodême dans la Lune a été vendu au *Théatre Lyrique* pour la somme de *quatre-cents livres*, qui m'ont été payées en cinq ou six fois différentes ; & l'administration m'a donné en six ou sept fois une gratification de *cinquante louis* en assignats. J'ignore si ses intentions sont d'outrepasser cette somme ; mais je n'ai rien à prétendre ; &, si j'ai voulu faire un marché de dupe, j'aurais d'autant plus mauvaise grace de m'en plaindre, que personne ne m'y forçait.

Ce n'est pas moi qui ai ravi *M. Juliet* au *Théatre Lyrique* : il était très-décidé à n'y pas rester ; &, s'il ne fût pas entré chez *Monsieur*, à Pâques prochain, il entrait au *Théatre de Louvois*.

Le Retour de Nicodême n'est qu'un article additionnel ; & non pas une clause de l'engagement de *M. Juliet*. Cet acteur, justement chéri de ceux qui aiment la nature & la vérité, n'a pas besoin de mes pièces pour réuffir chez *Monfieur*, comme par-tout ailleurs:

Ce *Retour* tant annoncé, n'a été .. par perfonne ; car je certifie que je n'en ai pas encore fait une feule ligne. J'en ai tracé le plan, deffiné les feènes & les tableaux dans ma tête, & voilà tout. Or, ceux qui lifent dans ma tête, font bien habiles.

Si ce *Retour* a lieu, ou que j'effaie, n'importe fur quel Théatre, une pièce relative à mon premier *Nico-déme* ; les uns diront que *cela ne vaut pas la première*, la première fût-elle très-inférieure ; les autres, qu'*elle vaut beaucoup mieux*, fût-elle très-médiocre ; plufieurs foutiendront *que c'eft toujours Nicodéme, & que je n'ai toujours qu'une feule nuance*, y eût-il entre les deux pièces, une différence de plan, de fujet & de caractère comme du jour à la nuit. J'ai bien entendu dire à mes côtés, au *Spectacle de Monfieur*, que l'*Hiftoire uni-verfelle* était toujours *Nicodéme* ; j'aimerais autant qu'on me dît, que les *Contes de la Fontaine* reffemblent aux *Sermons de Bourdaloue* : mais il y a des gens éclairés, inftruits, fins connaiffeurs, qui *prendraient Vaugirard pour Rome*, & qui vous débitent grave-ment, en plein café, leurs fententieufes abfurdités. L'homme fenfé qui les écoute, fe taît & leur oppofe le fourire de la pitié ; l'auteur qu'ils jugent, fe taît auffi, & pourfuit fa carrière, tout en levant les épaules.

On a confondu le genre de *Nicodéme* avec celui des *Niais* ; & cette erreur a caufé des méprifes groffières dans la diftribution des rôles, fur la plupart des Théa-tres de la province où l'on a voulu jouer cette pièce. *Nicodéme* n'eft point un *Niais* ; il en eft à cent lieues. C'eft un jeune payfan, brufque & philofophe, plein de franchife & de gaiété, qui perfiffle les abus & fronde les ridicules avec une naïveté fémillante. Un *Niais* ne peut pas plus rendre ce perfonnage original & grotefque, qu'une *Amoureufe* ne peut jouer une *Duègne*.

L'Empereur eft un Prince loyal & fenfible, parlant & agiffant fans prétention ; ayant l'efprit jufte & le cœur droit, & mettant par-tout une bonhommie pré-cieufe. On fent bien à quel perfonnage j'ai voulu faire allufion. M. *Desprès* le joue avec décence, chaleur, dignité.

Le Curé, foigneufement rendu par M. *Duforêt*, eft un de ces vieux pafteurs vénérables, dont la bienfai-fance & la fenfibilité font le premier mérite. Il faut obferver que ce rôle doit être joué très-rapidement, & prefque toujours à demi-voix, au commencement du premier acte. M. *Le Roi* joue admirablement fon rôle de *Prélat* : & voilà comme un bon acteur fait tirer parti de tout.

Les autres rôles de la pièce, rendus avec affez d'en-femble, font indiqués par eux-mêmes. Le rôle ingrat du *Miniftre* fait de l'effet, par l'adreffe & les contraftes qu'y met M. *Rofeval*.

Il ne me refte à faire ici qu'une obfervation effen-tielle. Si l'on n'en fait aucun cas, ce n'eft pas à moi que le public s'en prendra. Les villageois doivent être coftumés proprement, mais fans gaze, ni taffetas, des groffes chemifes de toile grife ; des cheveux fans pou-dre ; prefque point de rouge ; enfin l'air de l'abatte-ment & de la douleur, puifqu'ils font dans la mifère, & qu'ils fe plaignent fans ceffe de leur fort : le contrafte en ferait plus frappant, & les fituations plus pitoref-ques ; toute parure, tout chiffon, tout air de gaieté, le moindre fourire même eft un contre-fens.

Les airs gravés dans cette pièce, dont j'ai fait pré-fent à une veuve infortunée, qui les fait vendre au Théatre pas fes enfants, m'ont été volés par le nommé *Frère, paffage du Saumon*, qui les a tellement eftro-piés, défigurés, mutilés, maffacrés, & pour les paroles & pour les notes, qu'ils ne font pas même reconnaif-fables. Ainfi je préviens le public que les feuls que j'avoue, font ceux de la *veuve Borelly, rue Galande*.

Le public eft averti que j'ai repris mes *Lunes*, que je les continue avec exactitude, qu'il en paraît un *Quartier* tous les huit jours, & qu'on s'abonne chez moi, *rue Phélipeaux ;* N°. 15, moyennant la fomme de 21 livres par année pour la province, & 18 livres pour Paris.

On ne peut fouſcrire *pour trois mois;* on peut le faire *pour ſix mois,* pour Paris ſeulement, mais non pas en province, où il faut s'abonner à l'année entière à commencer du premier Janvier. Ce *Journal,* n'ayant que des rapports de gaieté, & très-indirects aux affaires du temps, & ſuivant une route iſolée, ne reſſemble en rien aux autres. Telle hiſtoire, qui eſt commencée dans un *Quartier de Lune,* ſe continue dans un autre; ainſi, l'année faiſant une collection ſuivie, on ne peut ni la morceler, ni la dépareiller.

Nota. J'avertis encore que, las d'être calomnié, & payé par-tout d'ingratitude, je ne me mêle plus de placer, d'écrire, de recommander perſonne.

Et ſe trouve à Paris, chez F R O U L L É, Imprimeur-Libraire, quai des Auguſtins.